Suomen kielen opiskelua
HELPPO-kesäkoulussa

Finnish language studies
in HELPPO (=EASY)
Summer School

Kirsti A. Korhonen

Kustantaja: BoD • Books on Demand GmbH,
Helsinki, Suomi
Kirjapaino: Libri Plureos GmbH, Hampuri,
Saksa
ISBN: 978-952-80-8358-0

Suomen kielen opiskelua HELPPO-kesäkoulussa on viimeinen neljästä tietokirjasta. Yhdessä ne muodostavat HUOLI LASTEN OPPIMISESTA - kirjasarjan. Kaikkien kirjoittamieni kirjojen luomisprosessi on ollut mielenkiintoinen ja olen oppinut monia uusia asioita ja näkökulmia. Yksi periodi päättyy, kiitos.

I SEL-OHJELMAT JA NIIDEN KÄYTÖN TUTKIMUS KOULUISSA
RESEARCH ON SEL-PROGRAMS AND THEIR USE IN SCHOOLS

Kirja perustuu kirjoittajan omiin kokemuksiin ja siinä esitetään kriittinen näkökulma SEL-ohjelmien käytön tutkimukseen. Kenttävaiheen pituudet vaihtelevat ja tulokset ovat poikkeuksetta myönteisiä. Lapsia tutkittaessa muuttujia on paljon, joten on vaikea todeta, mikä on ohjelman vaikutusta ja mikä on normaalia kehitystä. Motivaatio on sidoksissa oppimiseen ja kasvaa, kun tekemiseen kiinnitetään huomiota. Kirjassa ehdotetaan laadukkaan lukemiseen pohjautuvan SEL-ohjelman käyttöönottoa yhden oppitunnin ajaksi viikossa. Ohjelman tehokas käyttö ei ole helppo tehtävä opettajalle, jonka tärkein tehtävä on aina ollut tietojen opettaminen. Kirjassa ehdotetaan myös koulun aloitusiän aikaistamista, koulupäivien keston pidentämistä sekä korostetaan vuorovaikutuksen laadun merkitystä.

II ESTETIIKAN VIITEKEHYKSESSÄ VISUALISOINNISTA PIIRTÄMISEEN

Huolena on, etteivät lapset enää välttämättä opi katsomaan ja havainnoimaan arkipäiväisiä ympärillä olevia asioita. Havainnointi on tärkeää myös luku- ja kirjoitustaidon kehittymisen kannalta. Kirjassa lähestytään näitä teemoja aloittaen estetiikasta, joka tarjoaa aihepiireille laajan viitekehyksen. Pohditaan seuraavia kysymyksiä: Oppivatko lapset luontaisesti havainnoimaan ympäristöä vai pitäisikö katsomista opettaa systemaattisesti? Olisiko käytännöllisin tapa opettaa katsomista piirtämisen kautta? Voidaanko lisäksi esittää huoli lasten hienomotoriikan taitojen kehittymisen taantumisesta? Käsialakirjoituksessa opittiin katsomaan mallista, miten kirjaimet kirjoitetaan ja jokaiselle kehittyi omanlainen persoonallinen käsiala. Nykyisin käsialakirjoittaminen ei kuulu enää opetussuunnitelmaan. Kirjassa keskitytään enemmän piirtämiseen kuin visualisoimiseen ja suositellaan piirtämisen ottamista mukaan perusopetuksen kuvataiteen opetussuunnitelmaan.

III CONCERN ABOUT THE STATUS OF THE FINNISH LANGUAGE

Lukutaito on oppimisen perusta ja ajattelun kehittymisen edellytys. Kirjassa on neljä osaa. Osa 1. Lukeminen. Mielessä ja ääneen lukemisen historiaa, teorioita, tutkimuksia ja käytäntöjä. Osa 2. Luetun ymmärtäminen. Teorioita, kuullun ymmärtämisestä, lukustrategioiden käytöstä ja S2-oppilaiden luetun ymmärtämisen tukemisesta. Osa 3. Kirjoittaminen. Teorioita ja tutkimuksia kirjoittamisesta ja yhteenveto nykytilanteesta. Osa 4. Pohdintaa. Kirjan liitteinä ovat vapaaehtoistyössä 1 ½ vuoden aikana toteutetut tuntisuunnitelmat suomeksi ja englanniksi.

IV SUOMEN KIELEN OPISKELUA HELPPO-KESÄKOULUSSA FINNISH LANGUAGE STUDIES IN HELPPO (=EASY) SUMMER SCHOOL

Kirjassa esitellään erilaisia kesäkouluja Suomessa ja muualla sekä esitellään HELPPO-kesäkoulun toteutusmalli. Kaikki alkoi huolellisesta tavoitteiden asettelusta edeten kokeiluun ja arviointiin. Kirja tarjoaa liitteineen mallin kesäkoulun järjestäjän tueksi.

Suomen kielen opiskelua

HELPPO-kesäkoulussa

Sisällys 10

1 Aluksi

Kiinnostukseni kesäkouluun alkoi 1980-luvulla, kun olin opettajaopiskelijana kesätöissä ohjaamassa lasten liikuntakouluja ja toimin uimakoulun opettajana. Pohdin, olisinko voinut liikunnan ohella järjestää jotain muuta opiskelua. Vasta nyt neljä vuosikymmentä myöhemmin ryhdyin toimeen ja järjestin kesäkoulun, jossa opiskeltiin suomen kieltä. Oli noussut huoli suomen kielen asemasta muuttuvassa maailmassa. Mietin myös lasta, joka leikkii yksin kesäkuussa hiljaisella pihalla.

Koska asumme Suomessa, ajattelen luonnollisesti, että kommunikointi tehdään suomen kielellä. On toki luontevaa oppia myös muita kieliä kukin omien mielenkiinnon kohteiden mukaan. Lapsi oppii äidinkielen vanhemmiltaan vuorovaikutuksessa – puhutaan, keskustellaan ja luetaan yhdessä. YK:n lapsen oikeuksien julistuksessa on neljä periaatetta: syrjimättömyys, lapsen edun huomioiminen, oikeus elämään ja kehittymiseen sekä lapsen näkemysten kunnioittaminen. Miten tärkeää olisikaan, että lapsilla olisi yhteinen kieli, mitä puhua.

Unesco on määritellyt lukutaidon seuraavasti: Lukutaito tarkoittaa sitä, miten ihmiset käyttävät sitä kommunikaatio- ja ilmaisuvälineenä erilaisten medioiden kautta. Lukutaito on monipuolista ja sitä harjoitetaan tietyissä yhteyksissä tiettyä tarkoitusta varten ja tiettyjä kieliä käyttäen. Lukutaito käsittää jatkuvaa oppimista ja sitä voidaan mitata eri tasoilla. Vähäpassi (1987) toteaa, ettei suomen kielessä ole sekä luku- että kirjoitustaidon omaksumisen ja hallinnan kattavaa sanaa. Suomen kielessä on käytetty sanaa funktionaalinen eli toimiva luku- ja kirjoitustaito. Sen avulla ihminen kykenee selviytymään yhteiskunnassa. Englannin kielen sanan "literacy" määrittely käsittää laajimmillaan sekä yhteisön että sen kulttuurin merkityksen oivaltamisen.

Kieli on tärkeä osa kommunikaatiota. Ensimmäisten elinvuosien aikana luodaan edellytykset rikkaalle kielen kehitykselle ja hyville vuorovaikutustaidoille. Kieliyhteisön jäsenyyteen kasvetaan. Kieli on puhuttua, kirjoitettua, kuvallista tai viitottua sekä lisäksi nonverbaalinen kommunikaatio eli ilmeet, eleet ja äänenpainot ovat iso osa kielestä. Kieli sitoo yhteen menneen ja tulevan, koska voimme puhua menneestä ja samalla ajatella tulevaa. (Korpilahti, Pihlaja & Lindevall 2022.)

Kokemukseni kesällä 2024 järjestetystä kesäkoulusta olivat myönteisiä, joten päätin kirjoittaa kokemuksistani kirjan. Sen myötä haluan antaa kokeiluun osallistuneille oppilaille kirjan tekemisen mallin ja toivon, että esimerkkini innostaisi muitakin vapaaehtoisia kesäkoulun järjestäjiksi ja toiminnan kehittämiseen. Kiitän lämpimästi HELPPO-kesäkouluun osallistuneita yhteistyöstä. Jatkossa nimitän itseäni "kesäopeksi".

Maailmalla kesäkoulujen kirjo on laajaa. Aiemmin keväällä huomasin, että Yhdysvalloissa New Mexicon osavaltiossa haettiin ohjaajia kesäkouluun. Ilmoituksessa mainittiin, että opetusta tultaisiin antamaan päivittäin neljän tunnin ajan. Hakijan tuli olla pätevä opettaja ja omata työkokemusta. Opetusryhmän koko olisi 25 ja pidettävien oppituntien tulisi olla innostavia ja interaktiivisia. Pitäisi järjestää perinteisten tehtävien ohella ryhmärakentamispelejä, taidetta, askartelua, ulkoilua ja ulkopelejä. Hakijalta vaadittiin taitoa pitää hyvää ilmapiiriä, omata hyviä yhteistyötaitoja sekä kykyä ottaa huomioon oppilaiden turvallisuus. Ennen kesäkoulua pitäisi osallistua yhteiseen harjoitteluun sekä kesäkoulun jälkeen pidettäviin tiedotustilaisuuksiin. Yhdysvalloissa ja Kanadassa tarjonta on monipuolista, joten keskityn vain muutamaan esimerkkiin.

Idea HELPPO-kesäkoulusta syntyi varsin helposti. Ajatus järjestää ns. matalan kynnyksen kesäkoulua eli sellaista kesätoimintaa, mikä olisi kaikille osapuolille mahdollisimman helppoa toteuttaa, eikä edes tuntuisi koulunkäynniltä.

Kirjassa esittelen ohjelman tavoitteita, kartoitan erilaisia kesäkoulumalleja Suomessa ja muualla sekä kirjoitan, miten HELPPO-kesäkoulu toteutettiin. Lopuksi pohdin asiaa laajemmassa viitekehyksessä. Liitteisiin olen koonnut asiakirjoja kesäkoulun järjestäjän tueksi.

Kaikkien kirjoittamieni kirjojen luomisprosessin keskellä olen oppinut uutta, eikä tämäkään kirja tehnyt siinä poikkeusta.

16

2 Taustaa

Suomessa kouluissa annettava opetus perustuu opetushallituksen laatimaan perusopetuksen opetussuunnitelmaan. Se käsittää vain kouluopetuksen, ei siis kesäkoulujen oppisisältöjä.

Kaikkeen oppimiseen kuuluu tärkeänä osana tavoitteiden asettelu. Tavoitteet muotoutuivat vuorovaikutuksessa kokeiluun osallistuneen perheen kanssa. Ennen tavoitteiden kirjaamista, perehdyin asiaan lukemalla. Luonnollisesti opettajan koulutus ja opettajana tehdyt työvuodet helpottivat suunnittelua.

Keväällä 2024 osallistuin lukemis- ja kirjoittamisvaikeuksien luennolle (Heikkilä 2024). Tuli korostetusti esille, että lukusujuvuudella on tärkeä merkitys luetun ymmärtämiselle ja oikeinkirjoitukselle. Sitä voidaan kehittää seuraavin keinoin: kiinnitetään huomiota harjoitusten määrään ja tiheyteen, toistojen määrään, harjoittelun aktiivisuuteen ja monipuolisuuteen, tekstin sopivaan vaikeustasoon, suoraan ja välittömään palautteeseen, sujuvan lukemisen malliin, suoritustavoitteiden asettamiseen ja mukavien luetun ymmärtämisen harjoitteiden tekemiseen. Usein kaikki näyttää teoriassa helpolta, mutta käytännössä asiat osoittautuvat mutkikkaammiksi, niin kävi tälläkin kertaa.

Heikkilä otti esille Maya Angelon toteamuksen:"Ihmiset unohtavat, mitä olet tehnyt. Ihmiset unohtavat, mitä olet sanonut. Mutta he eivät unohda niitä tunteita, joita olet heissä herättänyt." Päätin yrittää lisätä tavoitteisiin tunneulottuvuutta.

2.1 Puheen, kielen, ajattelun ja lukutaidon kehityksestä

Kielen ja puheen kehitys kulkevat käsikädessä eli puheen kehitys kuuluu osana kielen kehitykseen. Kehityksen osa-alueet Opetushallituksen, OPH:n (2022) mukaan: vuorovaikutustaidot, kielen ymmärtämisen taidot, puheen tuottamisen taidot, kielen käyttötaidot, kielellinen muisti ja sanavarasto sekä kielitietoisuus.

Puhe on keskeistä kaikessa inhimillisessä kanssakäymisessä. Puheessa on neljä osatekijää, jotka toimivat yhdessä eli kielellinen taso, ääntäminen, ääni ja kuunteleminen. Puheen oppimisessa kuuleminen on välttämätöntä. Lapsi saa puheeseen malleja ympäristöstään ja myös palautetta omasta puhetuotoksestaan. Jotta puheen tuottaminen ja vastaanottaminen kehittyisi, se edellyttää elimellisen kypsymisen ohella inhimillistä vuorovaikutusta ja suotuisaa virikeympäristöä. (Lääkärikirja 1995.) Puhetta opitaan tavallisen arjen keskellä yhdessä, kun puhutaan, kysytään, kuunnellaan, leikitään ja luetaan. Puheen kehitys on yksilöllistä, mutta yleensä vuoden ikäisellä lapsella on passiivinen sanavarasto ja kahden vuoden iässä lapsi alkaa muodostaa yksinkertaisia lauseita. Gyekye & Ruponen (2022) toteavat, että kielen ymmärtäminen kehittyy ennen puheen tuottamista eli lapsi ymmärtää enemmän kuin pystyy tuottamaan. Kun lapsi alkaa kysellä sanojen merkityksiä, hän on oivaltanut, ettei ymmärrä kaikkea.

Kehittyvätkö ajatukset ja puhe samanaikaisesti? Vygotskyn (1962) mukaan molemmat kehittyvät erikseen. Ne voivat sulautua hetkeksi, mutta eroavat aina uudelleen. Lapsen ensimmäisistä kuukausista lähtien hänen kuulemansa äänet ovat sosiaalisen kontaktin välineitä. Ennen kahden vuoden ikää lapsi tietää sanoja, joita muut ovat hänelle sanoneet. Noin kahden vuoden iässä tapahtuu muutos eli ajattelun ja puheen kehitys aloittavat uudenlaisen muodon, puhe alkaa palvella älyä. Lapsi alkaa kysellä: Mikä tämä on? Lapsi löytää sanojen symbolisen toiminnan. Puhe kääntyy sisäänpäin, mutta ei tiedetä tarkasti, miten siirtyminen avoimesta puheesta sisäiseen tapahtuu, missä iässä, millä keinoin ja miksi. Oletuksena on, että ensin on ulkoinen puhe, sitten egosentrinen puhe ja vasta sitten sisäinen puhe. Se kehittyy toiminnallisten ja rakenteellisten muutosten hitaan kehittymisen kautta.

Suomen kielessä jokainen kirjain tarkoittaa samaa äännettä, joten lasten on melko helppo oppia pilkkomaan sanat äänteiksi. Englannin kielessä sama kirjain äännetään eri tavoin eri yhteyksissä. Tutkijoiden maailmaan kuuluu, että asioista kiistellään, mutta yksimielisyys on siitä, että jokainen lapsi tarvitsee paljon harjoittelua oppiakseen hyväksi lukijaksi.

Huemer, Salmi & Aro (2012) toteavat, että suomen kielen lukemisen erityisvaikeus ilmenee tyypillisesti erittäin hitaana ja työläänä lukemisena eli lukusujuvuuden ongelmina. Noin viisi prosenttia suomalaisista omaa erityisen oppimisvaikeuden, mikä vaikeuttaa luku- ja kirjoitustaidon saavuttamista. Sujuva lukeminen tarkoittaa lukemisen vaivattomuutta eli lukija etenee tekstissään nopeasti sanoja automaattisesti tunnistaen. Lukusujuvuuden ongelmat ovat universaaleja.

Lewis & Goodwin (2021) toteavat, että lukutaidon kehitystä ei voi verrata kävelyn oppimiseen, vaan oppiminen vaatii opetusta ja harjoittelua. Tutkijat esittelevät Wolfin määrittelemät viisi vaihetta ja missä iässä tyypillisesti vaihe esiintyy:
- esilukija 6 kk-6 v
- aloitteleva lukija 6–7 v
- dekoodauslukija 7–9 v
- sujuva, ymmärtävä lukija 9–15 v
- taitava lukija yli 16 v

2.2 Tavoitteena taitava lukeminen

Useat instituutiot ovat käyttäneet Scarboroughin (2001) kuvaa lukemisköydestä havainnollistamaan lukemisen monisäikeisyyttä. Taitava lukeminen koostuu kahdesta tärkeästä osa-alueesta eli luetun ymmärtämisestä ja sanojen tunnistamisesta. Luetun ymmärtämisessä on kyse taustatiedon, sanaston, kielen rakenteen, sanallisen päättelyn ja lukutaidon tiedosta. Edetään käyttäen luetun ymmärtämisen strategioita. Sanojen tunnistaminen koostuu fonologisesta tietoisuudesta, dekoodauksesta ja sanojen näkemisestä. Lukutaito kehittyy. Taitavassa lukemisessa sanat tunnistetaan uudelleen ja tekstiä ymmärretään sujuvasti. Really Great Reading Institution on kehittänyt matemaattisen mallin LC x D = RC eli kielen ymmärtämisen ja sanojen tunnistamisen edistymisen kautta edetään taitavaan lukemiseen. Instituution mukaan Scarboroughin lukuköysi havainnollistaa lukemaan oppimisen monimutkaisuutta. Köysi koostuu alemmasta ja ylemmästä säikeestä ja vasta kun ne ovat kietoutuneet yhteen, on saavutettu taitava, tarkka ja sujuva lukeminen vahvalla ymmärtämisellä.

Yleisen lukuharjoittelun mallissa lukusujuvuus lisääntyy lukemisen määrää lisäämällä. Ohjattu systemaattinen lukuharjoittelu edistää lukusujuvuutta. Yleisessä lukuharjoittelussa lasta avustetaan, ohjataan ja hänelle annetaan palautetta. Tietokoneavusteisessa harjoittelussa lapsi lukee tekstiä näyttöpäätteeltä ja tekstin lomassa on luetun ymmärtämistä arvioivia tehtäviä. Tukena voidaan käyttää lukudiplomeja ja -passeja sekä kotona motivoivia palkkioita tietyn harjoittelumäärän jälkeen. Toistuvan lukuharjoittelun mallissa tekstiä luetaan yhä uudestaan ja uudestaan, jotta lukusujuvuus kehittyy. Menetelmää on käytetty jo 1970-luvulla, jolloin opettaja luki ensin tekstikappaleen ja sen

22

jälkeen oppilas luki sen itsenäisesti niin monta kertaa, että asetettu lukunopeustavoite tai toistojen määrän tavoite saavutettiin. Toistuvassa harjoittelussa tulokset voivat olla myös heikkoja, koska lukusujuvuuden vaikutus ei siirry suoraan toiseen tekstiin. Näin ollen lapsen itsenäisen lukemisharrastuksen tukeminen, motivaatioon liittyvien kysymysten pohtiminen ja yleisesti mielenkiinnon ylläpitäminen lukemiseen olisi tärkeää. Lukemista päivittäin harrastavan lapsen sujuvuusharjoittelumäärät ovat suuria verrattuina ohjattuun. Lukeminen eri medioista edellyttää ja harjoittaa lukutaitoa. Lisäksi se, että pystyy lukemaan television tekstityksiä, voidaan pitää sujuvan lukutaidon mittarina. Päämääränä on tavoittaa ja ymmärtää kielen takana olevia asioita ja maailmaa. (Huemer ym. 2012.)

2.3 Osatekijöitä

Jokainen ihminen on persoonallisuus, jonka sisällä on ydin eli persoona, minä tai minuus. Persoonallisuuspsykologiassa otetaan kantaa, milloin yksilö toimii oikein tai väärin eli tarkastellaan yksilön arvoja suhteessa yhteiskuntaan. (Ojanen, Anttila, Lahdesmäki, Oksala & Paavilainen 2004.) Lahdeksen (1997) mukaan lapsen persoonallisuuden jako kognitiiviseen, affektiiviseen ja psykomotoriseen, on saanut osakseen kritiikkiä. Jako on tehty, jotta lapsen kehitystä voitaisiin ymmärtää paremmin, vaikka lapsi tulisi aina nähdä kokonaisuutena. Koulun tulisi määritellä kasvatuksen arvot vanhempien ja koulun yhteisten arvojen pohjalta. Oleellista on, että lasta kasvatetaan kokonaisuutena. Paikallisesti ja globaalisti ajateltuna on jopa vaarallista, mikäli lapsi omaksuu vain tietoja, mutta häneltä puuttuvat sosiaaliset ja emotionaaliset taidot sekä vahva moraalinen kompassi. (Elias 2003.) Harva (1975) toteaa, että ihmisestä tulee persoonallisuus, kun hän on tietoinen omalaatuisuudestaan, vapaudestaan ja vastuistaan. Psykomotoriseen alueeseen luetaan kokonais- ja hienomotoriikkaa vaativat taidot eli laajemmin fyysinen kasvu ja terveys. Affektiivisessa alueessa ovat tunne-elämykset, arvot ja maailmankäsitykset sekä "tahtoelämän" vastuuntuntoisuus ja pitkäjänteisyys, itsearvostus ja yhteisön jäseneksi kasvaminen. (Lahdes 1997.) Yleisesti tunnettu tosiasia on, että kaikki ihmiset tarvitsevat riittävästi unta, terveellistä ruokaa ja sopivan määrän liikuntaa.

Nykyisin puhutaan paljon sosiaalisista taidoista, tunnetaidoista ja sosioemotionaalisista taidoista. Keltikangas-Järvinen (2010) erottaa toisistaan sosiaalisuuden ja sosiaaliset taidot. Sosiaalisuus on synnynnäistä ja tarkoittaa, että ihminen haluaa olla toisten seurassa. Se edesauttaa sosiaalisten taitojen hankkimista. Sosiaaliset taidot tarkoittavat, että ihmisellä on kyky olla toisten kanssa ja taito selvitä sosiaalisista tilanteista. Taidot tulevat oppimalla ja ne voidaan opettaa minkä tahansa temperamentin omaavalle lapselle. Taidoissa on keskeistä, miten ihminen pystyy solmimaan kontakteja erilaisiin ihmisiin, keskustelemaan ja olemaan luonteva. Taidot heijastavat laajemmin ihmisen persoonaa: Taidoissa näkyy kyky arvostaa ja kunnioittaa muita, ottaa huomioon toisten oikeudet ja käyttäytyä sovittujen sääntöjen mukaan. Tunnetaidoista tärkein on kyky osoittaa empatiaa. Lisäksi tärkeitä ovat kuuntelutaidot, omien tunteiden tunnistaminen, näkökulmien miettiminen sekä tunteiden säätely. Lapsen kokemat tunteet ovat aina oikeita ja hän saa tuntea vihaa, mutta ihan mitä tahansa ei saa sanoa tai tehdä. Aggressiivinen käyttäytyminen toisia kohtaan olisi kiellettävä ja kitkettävä. Sosioemotionaalisten taitojen kehitykseen liittyy läheisesti vuorovaikutus. Sosiaalinen vuorovaikutus kehittyy, kun lapsi omaksuu ääneen perustuvan kommunikaation lisäksi ilmeiden ja eleiden kielen sekä omaksuu ihmisten kanssakäymisen yleiset säännöt (Lääkärikirja 1995). Tunteet eli emootiot ovat seurausta jostain emotionaalisesta prosessista, jonka lopputuloksena voi olla emotionaalinen kokemus kuten suru, pelko tai ilo. Mikäli emotionaalinen kokemus yhdistyy emotionaaliseen ilmaisuun, voidaan puhua surullisuudesta, pelokkuudesta tai iloisuudesta. (Ahvenainen, Ikonen & Koro 2001, 48.)

Sosioemotionaalinen kehitys käsittää sosiaalisen kompetenssin, käyttäytymisen hallinnan, sosiaalisen ajattelun, kyvyn säädellä omia tunteita ja käyttäytymistä eli itsesäätelyn. Käytännössä oppilaita havainnoidaan ja ihannetilanteessa heitä haastatellaan. (Fernald, Prado, Kariger & Raikes 2017.) Pulkkinen (2002) esittelee sosiaalisen alkupääoman käsitteen. Se käsittää lasta ympäröivän kasvatusyhteisön, varhaiset ihmissuhteet, kasvuympäristön normit ja arvot sekä yhteisön tuen ja luottamuksen, ja että se saattaa vaihdella suuresti eri lapsilla. Mikäli lapsen turvallisuus on järkkynyt, se vaikuttaa myöhempiin sosiaalisiin suhteisiin, oppimiseen ja oppimishalukkuuteen. Autismikirjon ihmisillä ilmenee vaikeuksia sosiaalisessa kommunikaatiossa. Tämä ilmenee kirjaimellisena puheen ja kirjoitusten tulkintana. On vaikeuksia ilmaista tunteita, muodostaa katsekontaktia, reagoida ilmeillä ja eleillä sekä omata vaikeuksia sosiaalisessa mielikuvituksessa, kun toisen asemaan asettuminen on vaikeaa. (Autismiliitto.) Voi myös käydä niin, että joku jätetään ryhmän ulkopuolelle. Koponen (2020) selittää ilmiötä ostrakismiksi. Sillä tarkoitetaan, että yksilö suljetaan ryhmän ulkopuolelle ja hänelle aiheutetaan näkymättömyyden kokemus, eikä tilannetta selitetä hänelle.

Lapsen persoonallisuuden kehityksen osa-alueista tärkeimpiä on eettinen kehitys. Arvot osoittavat, mitä ihminen arvostaa. Perinteisinä arvoina voidaan pitää totuutta, kauneutta ja hyvyyttä. Harvan (1973) mukaan lapsella ei ole moraalista tajua eli tietoisuutta, mitkä pyrkimykset ovat hyviä tai pahoja. Lapsella on perinnöllisiä ominaisuuksia, jotka mahdollistavat tietoisuuden kehittymisen. Eettiseen kasvatukseen eli arvokasvatukseen liittyy, että lapsi tietää oikean ja väärän. Kyse on jatkuvasta pohdiskelusta, miten hän tekee asioita oikealla tavalla. Moraalista kehitystä on, miten eettinen tieto näkyy lapsen käyttäytymisessä ulospäin. Moraali viriää kasvatuksen tuloksena.

Lapsen moraalikäsitykset kehittyvät vähitellen. Seitsemän vuoden iässä lapsi alkaa ymmärtää sääntöjen ja sosiaalisesti reilun toiminnan merkityksen. Lapsen kehittyessä eettiset ongelmat monimutkaistuvat, ja kasvuun liittyy arvojen punnitsemista ja normien miettimistä. Jokaisen lapsen tulisi oppia suhtautumaan toisiin ja samalla itse sopeutua luokkaan tai ryhmään. Jokaisella lapsella on oma arvomaailmansa, jonka arvot hän omaksuu vanhemmiltaan. Mitä läheisempi suhde lapsen ja vanhempien välillä on, sitä varmemmin lapsi haluaa sisäistää vanhempien periaatteita. Jos suhde on löyhä, nuori voi omaksua ns. julkisuuden arvoja. (Arajärvi 1992.)

Lasta ympäröivällä yhteiskunnan kulttuurilla on merkitystä lapsen prososiaaliselle käyttäytymiselle. Lapset heijastavat asenteissaan ja käyttäytymisessään ympäröivää yhteiskuntaa, mikä voi olla suuntautunut yhteistoimintaan tai kilpailuun. (Stevenson 1991; Eisenberg & Mussen 1989.) Jokaisella lapsella on erilainen kilpailuvietti ja jokainen koti arvostaa eri suhteessa yhteistoimintaa ja kilpailua. Kaikilla on erilainen käsitys prososiaalisuudesta. Sillä tarkoitetaan sosiaalisuuden edistämistä ja myönteistä käyttäytymistä. Se on toisia hyödyttävää toimintaa ja siihen luetaan kuuluvaksi altruismi, ystävällisyys, hienotunteisuus, sympatia, ryhmän jäseneksi ottamisen edistäminen ja auttaminen sekä yleinen yhteiskunnan hyvinvoinnin edistäminen eriarvoisuuteen puuttumalla. Lapset heijastavat asenteissaan ja käyttäytymisessään sitä yhteiskuntaa, missä elävät. (Miller, Bernzweig, Eisenberg & Fabes 1991; Stevenson 1991.) Pulkkinen (2002) lisää listaan vielä empatian.

Lahdes (1997) toteaa, että empatiassa ei jäädä jakamaan toisen iloja ja suruja, vaan samaistutaan hetkittäin ja näin säilytetään mahdollisuus auttaa katsomalla asioita etäämmältä. Empaattisuus edellyttää lämmintä persoonallisuutta. Oppimisen kannalta hyvien ihmissuhteiden vallitessa on empatiaa, hyväksytään oppilaan myötävaikutus ja tunteet sekä kaikkien välillä vallitsevat ystävälliset suhteet. Lääkärikirjan (1995) mukaan empatia tarkoittaa myötäelämistä eli kykyä asettua toisen ihmisen asemaan. Empatian avulla voidaan ymmärtää toisten tunteita, toiveita ja ajatuksia. Empatiassa voidaan erottaa kaksi puolta: tunteet ja tiedot sekä kokemukset. Empaattinen opettaja on herkkä muiden tunteille, kykenee jakamaan tunteita sekä pystyy omaksumaan muiden rooleja. Kyse on eläytyvästä ja ymmärtävästä toisen sielunelämän tulkinnasta. (Lahdes 1997.) Mieli ry selittää empatian ja sympatian eron: Empatia on toisen tunteiden ymmärtämistä ja sympatia on toisen tunteiden jakamista tai menemistä sisälle toisen tunnetilaan. Ahvenainen ym. (2001) määrittelee altruisimin edellytykseksi tasapainoiselle sosioemotionaaliselle kehitykselle. Siinä toisen etu laitetaan oman edun edelle ja toista autetaan ilman palkkiota. Lapsesta kasvaa altruistinen, mikäli vanhemmat kasvattavat häntä ohjaavasti ja hänet hyväksytään sellaisena kuin hän on.

Yhä tärkeämmäksi tullut persoonallisuuden osa-alue on psyykkinen. Psyyke sanana on alun perin kreikkaa ja tarkoittaa sielua. Psyykkinen kehitys jatkuu koko elämän ja tavoitetilana on voida hyvin. Psyykkisen hyvinvoinnin kannalta on tärkeää, millaisia henkilökohtaisia tavoitteita ihminen asettaa itselleen suhteessa elinympäristöönsä ja elämäntilanteeseensa. Erkolahti, Sandberg & Ebeling (2011) toteavat, että lapset ja nuoret, joilla on fyysistä oireilua ilman somaattista syytä, ovat

haasteellisia hoidettavia. Tavallisimpia oireita ovat
päänsärky ja vatsakivut.

Lapsen tasapainoisen psyykkisen kehityksen
tukeminen on tärkeää. Se edellyttää
perushuolenpitoa eli huolehditaan lapsen
riittävästä unesta, ravinnosta, lämmöstä,
puhtaudesta ja turvallisuudesta unohtamatta
sopivaa vaatetusta, ulkoilua ja liikuntaa.
Mannerheimin Lastensuojeluliitto on antanut
suosituksen, että alakouluikäinen tarvitsee yöunta
10 tuntia. Jokainen lapsi on oma yksilönsä ja
suositukset ovat ohjeellisia.

Miten psyykeä voisi vahvistaa? Resilienssi on
positiivisen psykologian termi, joka tarkoittaa
ominaisuutta selvitä vastoinkäymisistä.
Ominaisuus on yksilöllinen, mutta sietokykyä
voidaan harjoittaa. Sietokyvyn määritelmiin
kuuluvat vastoinkäymiset tai riskit, joihin liittyy
positiivisia tuloksia. Keskitytään toiminnan
positiivisiin puoliin ja kykyyn joustaa. Joustavuus
on kykyä palautua ja voittaa vastoinkäyminen sekä
kokea positiivisia tuloksia vastenmielisestä
tilanteesta tai tapahtumasta huolimatta. (Vella &
Pai 2019.) Smith & Law (2013) toteavat
sosioemotionaalisten taitojen vähentävän

koulukiusaamista, mikäli taitoja kartutetaan yhdessä koko koulun tasolla luoden terveellisempää ja turvallisempaa ilmapiiriä. Taitojen avulla voidaan suunnata prososiaalisuutta vuorovaikutukseen ja ratkomaan ihmissuhteiden ongelmia selviytysmisstrategioiden avulla. Sosioemotionaalisia taitoja tulisi vahvistaa koko koulupolun ajan.

Tutkimusten mukaan laajennettu sosiaalinen verkosto ja myönteiset kokemukset lisäävät sietokykyä. Vella ym. (2019) kuvaavat asiaa seuraavasti: Yksilön sietokyky kasvaa ensin kodissa, sitten edelleen kouluyhteisössä tai urheilu- tai muissa harrastuksissa, yhteisö laajenee lopulta koko yhteiskuntaan. Joillekin yksilöille joustavuus tasojen välillä sekä tasojen dynaaminen vuorovaikutus tai niiden kytkeytyminen toisiinsa on tärkeää. (Vella ym. 2019.) Neitolan (2011) mukaan hoivaavat ja lämpimästi lapsiinsa suhtautuvat vanhemmat antavat mallin, jonka avulla lapsi selviää stressaavista tilanteista ja oppii erilaisia selviytymiskeinoja. On tutkimuksia, joissa on osoitettu, että säännöllinen kiitollisuuden harjoittaminen parantaisi emotionaalista hyvinvointia (Kerr 2024).

APA:n eli American Psychological Associationin mukaan resilienssiä voi oppia:

1. Rakenna yhteyksiä, priorisoi ihmissuhteita ja liity ryhmään.
2. Vahvista hyvinvointia, huolehdi kehosta, harjoittele mielenhallintaa ja vältä negatiivisia purkauksia.
3. Löydä merkityksiä auttamalla toisia, olemalla proaktiivinen, kulkemalla kohti tavoitteitasi ja etsimällä mahdollisuuksia itsesi löytämiseen.
4. Omaksu terveellisiä ajatuksia, pidä asiat perspektiivissä, hyväksy muutokset, ylläpidä toiveikkaita näkymiä ja opi menneestä.
5. Etsi apua.

Kognitiivinen kehitys käsittää tietojen vastaanottamisen, käsittelyn ja varastoinnin. Taitoja ovat havaitseminen, ajatteleminen, muistaminen sekä kyky suunnitella, ratkaista ongelmia, tehdä päätöksiä ja keskittyä. Lahdes (1997) määrittelee kognitiiviseen alueeseen liittyväksi tietojen ja uusien taitojen hankkimisen. Konatiivinen kehitys taas käsittää motivaation ja metakognitiot. Motivaatio on sateenvarjotermi asioille, jotka käsittelevät miksi ja miten ajattelemme ja käyttäydymme. Motivaatio on tilannesidonnaista ja yhteydessä ihmisen psyykkiseen tilaan (Ruohotie 1998). Motivaatioon liittyy metakognition käsite. Sillä tarkoitetaan yksilön oman älyllisen toiminnan tiedostamista ja ohjaamista eli tietoisuutta omista oppimismahdollisuuksista. Metakognitio sisältää suunnittelun, tarkkailun ja itsesäätelyn prosesseja. Hyvillä oppilailla on havaittu enemmän suunnittelua ja metakognitiivisia taitoja kuin heikoilla. Taitoa on arvioida itseään oppimisprosessin aikana, mikä on läheisessä yhteydessä itsesäätelyyn. Sillä tarkoitetaan esimerkiksi yksilön kykyä säädellä lukemisnopeuttaan tekstin mukaan. (Ruohotie 2000.)

Kognitiivinen ja konatiivinen kehitys ei aina suju toivotusti. Oppimiseen liittyvistä erityisvaikeuksista kärsivien lasten määrä kasvaa koko ajan. Syynä saattaa olla, että tutkimuksiin hakeudutaan herkemmin kuin ennen. Joidenkin lasten elämässä voidaan aistia jatkuvaa kiireen tuntua, vaikka lapsuuden leikkien kehityshyötyjä ja vuorovaikutuksen kautta vanhempien mahdollisuuksia sitoutua lapsiinsa korostetaan.

Vapaan leikin määrä on vähentynyt merkittävästi lasten arjessa. (Ginsburg 2017.)

Lisäksi on vielä estetiikan kehitys. Naukkarisen (2000) mukaan käytännön estetiikka painottuu havaitsemiseen ja tekemiseen sekä akateeminen estetiikka keskusteluun. Rajat ovat häilyviä. Esteettisen maailmasuhteen perusmuodot ovat havaitseminen tai aistiminen, vastaanotto, tarkastelu, katselu, kuuntelu, maistelu, haistelu ja tunnustelu. Peda.net -sivusto määrittelee esteettistä osaamista seuraavasti: Ollaan kykeneviä havainnoimaan ympäröivää todellisuutta ja kulttuuria ollen samalla avoimena esteettisille elämyksille ja kokemuksille sekä niiden tulkinnoille ja arvostuksille. Kyetään luovuuteen ja itseilmaisuun ja ne tulevat esiin taitoina, ilmaisuina, tuotoksina ja teoksina. Kyetään tunnistamaan omia esteettiseen kokemukseen liittyviä mielen sisäisiä ja kehollisia tuntemuksia, joita kyetään reflektoimaan kielellisesti ja pohtimaan niitä yhdessä muiden kanssa.

Kouluopetuksessa, vapaa-aikana ja elämässä kokonaisuudessaan tulee esille luontoon ja elämään liittyviä kauneus- ja esteettisiä arvoja. Maailma on täynnä värejä, valoa, muotoa, liikuntaa ja laulua, sillä kaikilla asioilla kuten pukeutumisella, asumisella, syömisellä, käyttäytymisellä ja seurustelulla, puhumisella, tavoilla ja juhlilla voidaan ajatella olevan esteettinen varaus. (Viljonen 1949.)

Lääkärikirjan (1995) mukaan lapsen mielikuvituksen rikastumista ei saisi estää. Pieni lapsi tarvitsee rakkautta, hellyyttä ja turvallisia rajoja. Hänen tulee oppia valitsemaan ja tahtomaan, mutta hän ei saa oppia ottamaan valtaa uhmakohtauksien avulla.

3 Kesäkoulut Suomessa ja muualla

Sahlberg (2004) kuvailee, millaisia kesäkouluja Yhdysvalloissa on tarjolla. Koska vanhemmilla on murhe lastensa osaamistasosta, moni lähettää lapsensa kesäkouluun. Aiemmin oli perinteisiä kesäleirejä, jotka ovat nyttemmin muuttuneet koulumuotoisiksi perinteisine kouluaineineen. Hän mainitsee esimerkkeinä hauskaa algebraa, jännittävää biologiaa, käytännön kiinaa ja lupsakkaa lukemista. Yleensä kokemus on, että kaikki löytävät kesäkouluista etuja.

Wikipedian mukaan Suomessa järjestettiin suosittua kesäsiirtolatoimintaa 1900-luvulla sotien jälkeen. Lastensuojelutoiminta oli lakisääteistä, joten kunnat huolehtivat lapsista kesälomalla aikana, jolloin vanhemmat kävivät töissä. Kansakoululaki sääteli toimintaa ja puhuttiin kansakoulujen kesäsiirtoloista. Lisäksi järjestäjinä olivat eri järjestöt, Pelastusarmeija, Mannerheimin lastensuojeluliitto, työväenjärjestöt, ja suuret työnantajat. Siirtoloiden johtajina toimivat yleisesti opettajat ja muu kouluväki, esim. keittäjät. Kesäsiirtolat oli tarkoitettu vähävaraisille kaupunkilaislapsille, joilla ei ollut muuta kesänviettopaikkaa.

Toiminta oli saanut alkunsa Keski-Euroopan teollistuneista ja kaupungistuneista maista jo 1800-luvulla. Oli alettu kiinnittää huomiota lasten elinoloihin kaupungissa. Ensimmäinen kesäsiirtola järjestettiin vuonna 1889 "kivulloisille turkulaisille kansakoululaisille". Vähitellen Suomeen kehitettiin leirikeskuksia, joihin otettiin mallia myös Ruotsista. Ehkäpä turulla tässä yhteydessä tarkoitetaan markkinapaikkaa eli toria.

Ennen siirtolaelämän alkua lapsille tehtiin lääkärintarkastus ja heidät punnittiin. Lapset kuskattiin kesäsiirtoloihin linja-autolla tai kuormaauton lavalla. Siirtolat sijaitsivat yleensä luonnonkauniilla paikoilla ja kesän aikana saatiin luontokokemuksia, oltiin ulkona, uitiin, leikittiin ja opittiin erätaitoja. Auringonvalosta saatiin D-vitamiinia. Vanhemmilla oli mahdollisuus vierailla siirtolassa. Mikäli kesäsiirtola oli lähellä kaupunkia, lapset kävivät siellä vain arkipäivisin ja olivat viikonloput kotona. 1960-luvulla siirtolatoimintaa alettiin kritisoida ja perusteluina mainittiin paloturvallisuus, henkilökunnan ja lasten suuri määrä. Haluttiin, että lapset viettäisivät aikaa myös vanhempiensa kanssa. Vuonna 1979 noin 21000 lasta oli kesän maksuttomassa siirtolassa.

Toiminta hiipui 1990-luvulla, jolloin elettiin lamavuosia. Vuonna 1994 oli vielä n. 300 maaseutukotia, joihin Helsingin kaupungin sosiaalivirasto sijoitti vähävaraisten perheiden koululaisia "kesälapsiksi". Nykyisin kesäsiirtolatoiminta on korvautunut kesäleireillä, joiden järjestäjinä ovat kunnat, seurakunnat, partiot, urheiluseurat ja useat eri järjestöt. Suomen viimeiseksi kunnalliseksi kesäsiirtolaksi mainittu Seinäjoen kaupungin "Kessula" toimii edelleen. Se perustettiin vuonna 1960.

3.1 Suomi

Internetistä löysin tietoja erilaisista lapsille järjestetyistä kesäleiritoiminnoista, joiden järjestäjinä ovat kunnat, kaupungit ja kolmas sektori. Tarjolla oli monenlaista perinteistä maksullista kesäleiriä, joista osa oli tuettuja ja osassa oli mahdollista saada sisaralennus. Helsingin kaupungin kesäleiritarjonta oli monenkirjavaa ja leiripaikat olivat täyttyneet nopeasti, samoin Espoossa, Vantaalla ja Tampereella Etelä-Suomen suurimpia kaupunkeja mainitakseni. Myös osa alueiden seurakunnista järjesti leiritoimintaa.

Seinäjoen kaupungin "Kessulassa" eli koko kaupungin kesämökissä järjestetään kolmesta viiteen päivään kestäviä kesäleirejä paikallisille lapsille ja nuorille alakouluikäisistä yläkouluikäisiin. Ohjelmassa on uimista, saunomista, pelaamista, askartelua, leikkimistä ja muuta mielenkiintoista. Ruokailuja välipaloineen on tarjolla viisi kertaa päivässä ja leirillä yövytään kuuden hengen huoneissa. Leiri-ilmoituksessa on maininta, että halutessaan pääsee ystävän kanssa samaan huoneeseen, mutta yksinkin uskaltaa leirille lähteä, sillä siellä pidetään huolta, ettei kukaan jää yksin. Työntekijöinä ovat alan opiskelijat ja ammattitaitoinen keittiöhenkilökunta. Leirimaksu on 70-100e ja sisarusalennus on 50 % toisen sisaruksen maksusta. Leirille voi ilmoittautua sähköisesti tai paperisella lomakkeella ja paikat täytetään ilmoittautumisjärjestyksessä. Leireillä noudatetaan viranomaisten ohjeistuksia ja määräyksiä.

Kesäkoulu-hakusanalla löytyi vain aikuisille opiskelijoille järjestettyjä kursseja. Tästä voi päätellä, että Suomessa ei olla vielä siirrytty ns. toiminnan ajatellaan olevan kesäaikaan rentouttavaa, sosiaalista ja elämyshakuista. Ollessani opiskeluaikanani Turun kaupungilla kesätöissä liikunnanohjaajana, järjestin kesäkaudella lapsille urheilukentillä erilaisia pelejä ja leikkejä ja uimakoulu pidettiin uimahallissa. Tämä jo 1980-luvulla toiminnassa ollut järjestely oli vieläkin käytössä, vaikkakin nyt oli tarjolla eri urheilulajeille omia leirejä ja lisäksi tarjottiin mahdollisuutta myös taideharrastukseen ja museoihin tutustumiseen. Lisäksi löysin tiedon, että Elisa Oyj tarjosi ohjelmointitaitoja Rubyn kesäkoulussa sekä järjesti digikouluja.

Aikuisille oli tarjolla monipuolista kielen opetusta. Opetushallitus järjestää Suomen kieli ja kulttuuri - kursseja opiskelijoille, jotka ovat suorittaneet suomen kielen opintoja vähintään yhden lukuvuoden ajan tai opiskelevat suomen kieltä muualla kuin suomalaisessa yliopistossa. Kurssit ovat vaatimustasoltaan A1, opetusta annetaan noin 85 tuntia suomen kielellä. Hanaholmenissa Espoossa järjestetään suomen kielen ja kulttuurin intensiivikursseja aloittelijoille ja jatko-opiskelijoille. Opinnoissa tehdään kielioppiharjoituksia, opitaan kuullun ja luetun ymmärtämistä sekä harjoitellaan suullista kielitaitoa tasoryhmissä. Kursseihin kuuluu 36 oppituntia ja opetuskielenä on suomi tai ruotsi.

Helsingin yliopiston avoimessa yliopistossa voi suorittaa suomen kielen perus- ja keskitason kursseja, jotka sisältyvät kotimaisten kielten ja kirjallisuuden kandiohjelman opintotarjontaan. Avoimessa yliopistossa on mahdollisuus suorittaa suomen kielessä perus- ja keskitason kursseja (A1.1–B2.1). Kurssitason löytää perehtymällä kielitaidon taitotasokuvauksiin, ks. liite 3. Lisäksi pitää tehdä suomen kielen tasotesti. Paasikiviopistossa Turussa järjestettiin kesällä 2024 suomen kielen maksuton kesäkurssi kotoutumisajan ylittäneille maahanmuuttajille ja sen rahoitti opetus- ja kulttuuriministeriö. Kurssilla harjoiteltiin puhumista, kirjoittamista, kuuntelemista ja lukemista. Jokaisella kurssiviikolla oli teema, johon sanasto ja muut harjoitukset liittyivät.

Familia ry on toiminut vuodesta 1988 lähtien. Sie on valtakunnallinen kahden kulttuurin perheiden asiantuntijajärjestö. Yhdistys tarjoaa vapaaehtois- ja vertaistoimintaa, antaa tietoa ja neuvoo. Yhdistys pyrkii lisäksi edistämään kahden kulttuurin perheiden huomioimista yhteiskunnassa pyrkimällä kehittämään lainsäädäntöä ja palvelujärjestelmää. Familia ry järjestää suomen kielen kursseja yhdessä Opintokeskus Vision kanssa.

KiVANET-yhteistyöverkosto tarjoaa digipedagogiikan mukaisesti rakennettuja kielten oppimispolkuja ja on tarkoitettu korkeakouluopiskelijoille. Verkosto on saanut alkunsa Opetus- ja kulttuuriministeriön KiVAKO-hankkeesta, jossa kehitettiin korkeakoulujen vieraiden kielten opintotarjontaa valtakunnallisesti ja alueellisesti.

Suomen kielen opintoja tarjoavat myös ammattikorkeakoulut, esim. Metropolia ammattikorkeakoulu, aikuisopistot sekä suomen ja ruotsinkieliset kansalais- ja työväenopistot.

3.2 Eurooppa

Euroopan maissa erilaisten kesäleirien tarjonta on monipuolista. Suomestakin on lähtenyt ja lähtee lukuisia oppilaita Euroopan maissa järjestettyihin kielikouluihin. Netistä löytyi kartta, jossa oli tiedot yli sadasta erilaisesta kielikoulusta. Ruotsista löytyi uutinen, jossa v. 2023 pohdittiin, pitäisikö pakollista kesäkoulua alkaa järjestää huonosti menestyville oppilaille. Alankomaissa tarjonta oli suurta. Saksassa kesäkouluja järjestettiin paikkaamaan korona-aikana syntyneitä oppimisvajeita. Kerättiin tietoa, miten kesäkoulu toimi ja selvitettiin, miksi oppilaat tulivat vapaaehtoisesti opiskelemaan lomalla.

Espanjassa tarjotaan leirejä, joissa on neljän tunnin ajan opetusta päivittäin. Lisäksi tarjolla on espanjan kieleen keskittyviä leirejä. Myös Turkissa järjestetään kesäkoulua 7-17-vuotiaille oppilaille, joilla on haasteita kielen kanssa. Kursseja mainostetaan mukaansatempaaviksi ja hauskoiksi. Kursseja varten on laadittu opetussuunnitelma ja esimerkiksi Turkish American Association järjestää kesäkoulua, jossa käsitellään 39 aihepiiriä. Oppilaat jaetaan iän ja englannin kielitason mukaisiin ryhmiin. Valittavana on 10 päivän, 20 päivän ja vielä pidempikestoinen kurssi.

Ajatuksena on, että perheet pystyisivät mukauttamaan oman kesäohjelmansa kurssitarjontaan. Opetusta annetaan iltapäivällä klo 14–16.35. Opetus on vuorovaikutteista ja tavoitteena on parantaa puhe-, sanavarasto-, kuuntelu- ja lukutaitoja. Lisäksi opitaan kriittistä ajattelua, tehokasta viestintää, tutkimusta, ongelmanratkaisua, päätöksentekoa ja digitaalista lukutaitoa. Oppilaat osallistuvat kurssin jälkeen testiin, jossa kielitaitoa arvioidaan. Iältään vanhemmille opiskelijoille tarjotaan mahdollisuus osallistua englannin kielen suulliseen testiin, joka arvioidaan. Tuloksista tiedotetaan yksityiskohtaisesti koteja.

3.3 Pohjois-Amerikka

Hakusanalla Summer school löytyi valtava määrä tietoa erilaisista kesäkouluista. Sahlbergin (2004) mukaan yli 5 miljoonaa lukioikäistä osallistuu eri puolilla mannerta kesäkouluihin parantaakseen tuloksiaan tai päästäkseen haluamaansa opiskelupaikkaan. Washingtonissa kesäkouluihin osallistui noin 16000 lasta. Aiemmin ohjelmassa oli leikkiä ja harrastamista, nykyään matematiikan, lukemisen ja kirjoittamisen opiskelua. Järjestäjänä on piirin koulutoimisto ja viikot ovat maksullisia.

44

Vanhemmat ajattelevat, että lapsi on kesäkouluun osallistuessaan "kauempana turhuuden houkutuksista ja viettelyksen vaaroista".

3.3.1 Kanada

Kanadassa oli myös tarjolla monenlaista kesäkoulutoimintaa kaikenikäisille lapsille. Eräällä sivustolla opetettiin videon avulla oppilaille, mistä luetun ymmärtäminen muodostuu: toistaminen, kysymysten tekeminen ja ennustaminen, mitä tekstissä lukee seuraavaksi.

Toronton piirin koululautakunta ilmoitti kesäkoulun tavoitteeksi vahvuuksien eli kasvun ja monimuotoisuuden lisäämisen. Arvostetaan jokaista opiskelijaa, vahvaa julkista koulutusjärjestelmää, opiskelijoiden sekä perheiden ja yhteisöjen kumppanuutta. Lisäksi mainitaan, että opiskelijat ja kouluyhteisö on ainutlaatuinen ja monimuotoinen, henkilökunta on sitoutunutta ja taitavaa, toimitaan oikeudenmukaisesti, innovoidaan ja kannetaan vastuuta. Oppimisympäristöjen mainitaan olevan turvallisia, huolta pitäviä, myönteisiä ja kunnioittavia. Elementary Literacy and Numeracy Summer School Program antaa opetusta heinäkuussa. Kesäkoulu on tarkoitettu varhaiskasvatusikäisistä kahdeksanvuotiaisiin sekä ylempiluokkalaisille (luokat 4-8). Hakemuslomake täytetään netissä ja lapset ryhmäytetään online opettajan ryhmiin luokkatason mukaan. Ennen ilmoittautumista pyydetään, että kaikki tarkistavat ohjelmien tiedot yksityiskohtaisesti.

Lisäksi on yksityinen palvelujentarjoaja Jays Camp RBI Summer Edition. Lapset voivat valita iltapäiviksi klo 12-16 tai 17.30 asti baseballin pelaamista, jota tarjotaan 14: n koulun pihalla 3-8-luokkalaisille. Lisäksi on tarjolla yhteistoimintaa kehittäviä pelejä, taidetta ja käsitöitä tai lisäkoulutusta baseballiin. Kun kesäkoulu loppuu, elokuussa tarjotaan kahden viikon täysiaikaiset koulupäivät klo 9-16.

3.3.2 Yhdysvallat, New Mexico

Yhdysvalloissa New Mexicon osavaltio tarjosi kesäohjelmia peruskoululaisille ja lukiolaisille, jotta he voisivat kasvaa älyllisesti, akateemisesti ja henkilökohtaisesti. Kesäoppimisen osasto käsitteli hakemukset ja valituille lähetettiin vahvistus hyväksymisestä. Kesäkoulun ohjelmaa kutsuttiin nimellä Summer Learning Adventure (SLA). Osallistuminen oli ilmaista ja ohjelma käsitti myös ulkoilua. Tavoitteena oli tarjota monipuolista ja kiinnostavaa ohjelmaa, joka edistäisi oppimista ja kannustaisi harjoittelemaan ja säilyttämään taidot kesäaikana. Toiveena on, että opiskelijat oppisivat ja kokeilisivat uusia asioita sekä osallistuisivat aktiviteetteihin, jotka inspiroisivat ja haastaisivat heitä uusin keinoin.

Varhaiskasvatusikäisistä viidennen luokan oppilaille tarkoitetun ohjelman teema oli NM-Wild! Ohjelma käsitti lukutaidon parantamista, matematiikan taitoja, luonnontieteitä, yhteiskuntatieteitä sekä taiteita. Ohjelmassa korostettiin New Mexicon alueen kasveja, eläimiä, elinympäristöjä, vesistöjä ja maantiedettä. Opetusta annettiin päivittäin ulkosalla ja näin ollen leirimäisessä ympäristössä opittiin projektipohjaisesti ja käytännönläheisesti. Ohjelmaa mukautettiin, jotta vammaiset opiskelijat voisivat osallistua koulujen opetussuunnitelman ulkopuolella tapahtuvaan opiskeluun. Vanhemmat täyttivät ilmoittautumislomakkeen nettisivuilla ja lapset hyväksyttiin ilmoittautumisjärjestyksessä.

4 HELPPO-kesäkoulu

Oli useampia nimivaihtoehtoja, joista valitsin mielestäni parhaimman.

4.1 Toteutus

Kaikessa oppimisessa on perinteisesti aina ensin asetettu tavoitteet.

4.1.1 Päätavoite

Päätavoitteena oli lukusujuvuuden parantaminen. Kun lukusujuvuus paranee, juonen etenemistä on helpompi ymmärtää. Luetun ymmärtäminen paranee ja lukija pystyy ennakoimaan lukemaansa. Jo varhaisessa vaiheessa ymmärsin, ettei kesäkoulun aikana ehditä saavuttaa suuria tavoitteita, mutta ajatus siitä, että vähäisempikin harjoittelu tuo lisäarvoa lukusujuvuuteen, innosti jatkamaan. Montgomery County Public Schools - sivustolla esitellään Jim Cumminsin kieltenosaamisen teoriat ja miten ne on otettu huomioon luokkaopetuksessa. Opiskelija voi kehittyä sujuvaksi keskustelijaksi kahden – viiden vuoden kuluessa. Akateemisen kielen kehittyminen kestää neljästä seitsemään vuotta, mutta mukana on useita muuttujia kuten kielen taitotaso, ikä, koulun aloitus, tuki.

Arjen kommunikaatiossa tarvitaan käsitteiden hallintaa, puhutaan ylä- ja alakäsitteistä. Oleellista on, että lapsi kokee itsensä ymmärretyksi, vaikka monimutkaisista ja arjen tilanteiden ulkopuolisista asioista keskusteleminen saattaa olla vielä vaikeaa. Millaisia sanoja kesäkoulussa olisi hyvä käyttää ja toistaa? Gyekye ym. (2022) tuovat esille ydinsanaston käsitteen eli sanat, jotka toistuvat usein. Näitä ovat minä, sinä, haluta, tykätä, mennä, maito, leipä, juoda, syödä, yhdessä, yksin, soittaa, laulaa, kovaa, yhdessä ja yksin. OPH:n (2022) mukaan lapselle tulee luoda mahdollisuuksia monipuolisiin tilanteisiin käyttää suomen kieltä sekä vähitellen opettaa hänelle monimutkaisempaa ja käsitteellisempää kieltä.

4.1.2. Alatavoitteiden asettelusta

Alatavoitteet asetetaan niin, että ne saavutetaan. Näin kurottaudutaan vähitellen kohti päätavoitetta. Alatavoitteita asetettiin oppilaille ja yleisemmin kesäkoulun toiminnalle. Perinteisesti koulussa tavoitteiden asettelu on perustunut oppijan tarpeisiin sekä niissä on toteutunut seuraavat näkökulmat: hyödyllisyys, saavutettavuus ja arvioitavuus. Lisäksi korostuvat pedagoginen näkökulma sekä ne olosuhteet, joissa oppiminen tapahtuu.

Sanavaraston laajeneminen ja lukuinnostuksen lisääminen olivat alatavoitteina. Oppilaille tehtiin selväksi, että suomen kielen omaksuminen käy lapsena vaivattomammin. Opitaan kuuntelemaan, puhumaan, lukemaan ja kirjoittamaan. Oppilas pyrkii parantamaan omaa suoritustaan, eikä vertaa itseään muihin. Elävöitetään lukemista äänenpainoilla ja pyritään lukemaan aamupäivisin, jolloin aivot ovat levänneet hyvin nukutun yöunen jälkeen. Lukeminen on iloista ja ilo tarttuu! Opitaan arvioimaan ja ajattelemaan luettua. Oppilas ottaa vastuuta oppimisesta. Perhe ja kesäope seuraavat edistymistä. Lukeminen nostaa pintaan muistoja eletystä elämästä ja lisää siten tarinankerronnan tarvetta niin lapsella kuin aikuisella.

Pidemmällä aikavälillä ajatellaan, että suhtaudutaan elämään uteliaisuudella, tunnistetaan omassa itsessä tahtotila lukea säännöllisesti, kirjoittaa pidempiä kirjoituksia ja lukea monipuolisia tekstejä. Kun riittävä lukusujuvuus saavutetaan, luetun ymmärtäminen paranee ja lukemisesta tulee mieluisaa.

HELPPO-kesäkoulun suunnitteluvaiheessa käytin apuna kouluaikaista oppikirjaani: Lappalainen & Nurmi. 1972. Kansalaistaidon oppikirja 3-4. Kirjan teemat:

- Tienkäyttäjän taitoja – Tavoittelemme liikenneturvallisuutta

Liikkuminen maaseudulla ja kaupungissa, liikennesäännöistä, -merkeistä ja pyöräilystä, kulkuneuvojen kehityksestä ja junalla matkustamisesta.

- Keskustelemme käyttäytymisestä – Yritämme välttää vaarat

Rehellisyys, oppilas kuluttajana, auttaminen, tervehtiminen, yhteinen ympäristömme, kriittisyys lukemisessa, lääkekaapin sisältö, sähkö, retkellä, veneessä, eksyminen, heikot jäät, vaarat leikeissä.

- Terveystietoja – Valitse turvallisuus

Ihmisten erilaisuus, ravinto, hampaiden hoitaminen, peseytyminen, pukeutuminen, järjestys ja ajankäyttö, harrastukset, uni, kunnon kohottaminen, uimataito, vaarojen välttäminen, tupakka, huumeet ja alkoholi, käyttäytyminen

51

koulussa ja retkillä, myrkylliset aineet kotona ja luonnossa, käärmeet, tulen käyttö, poliisien työt, käyttäytyminen onnettomuuspaikalla.

4.1.3 Ohjeita kesäkoulumallin kehittämiseen

1. Vapaaehtoiset ottavat yhteyttä kolmannen sektorin toimijoihin, jotka tarjoavat palvelua, esim. MLL (vaatii vapaaehtoisilta rikosrekisteriotteen) ja ilmoittavat, kuinka monta oppilasta he voivat ottaa. Parasta olisi, mikäli opettajankoulutuslaitoksen ja varhaiskasvatuksen opiskelijat saataisiin mukaan harjoittelemaan tulevaa työtä varten. Kun perhe löytyy, sovitaan käytännöistä selkeästi.

- kokeilun kesto

- päivittäiset tehtävät ja ajankohta. Suositus on lukea 15 min joka päivä. Tavoiteaikaa voidaan lisätä ja voidaan sopia myös lukutuokiosta puhelimen välityksellä.

- perhe ottaa vastuun lapsen kännykän käytöstä ja tehtävien suorittamisesta

- vapaaehtoinen ilmoittaa omat aikataulunsa, esim. ei anna palautetta klo 18 jälkeen.

- Ohje kuuntelemiseen: Kuuntele tarkkaan jokainen sana ja lause.

- Ohje lukemiseen: Lukeminen on kivaa!

- Kesäkoulun järjestäjän eli kesäopen tehtävänä on ennen toiminnan aloittamista paneutua palautteen antamisen ja vastaanottamisen keskeisiin tekijöihin, liite 4, sekä myös muihin liitteisiin.

2. Perustetaan WhatsApp-ryhmä, Skype-ryhmä tms. Ryhmässä voidaan soittaa yhteispuheluja, yksityispuheluja, lähettää kuvia tai videota. Ohjelmaa pitää voida käyttää myös tietokoneen välityksellä, jolloin palautteen kirjoittaminen on helpompaa. Jos mahdollista, tavataan kasvokkain.

3. Oppilas miettii, millaisista kirjoista hän pitää.

runot
elämä
harrastukset ja vapaa-aika
toiminta ja jännitys
tietokirjat
mennyt aika
maagiset tarinat
sarjakuvat
kevyet ja hauskat tarinat

Oppilas tiedostaa, että hänen on joka päivä tehtävä seuraavia asioita:

puhuminen
kuunteleminen
lukeminen
kirjoittaminen

Reflektiokysymyksiin vastaaminen on tärkeää: Mitä olet tehnyt tänään? Mikä on ollut kivaa? Oliko jotain kurjaa? Mistä olen kiitollinen? Miten lukeminen sujui? Opitko uusia sanoja? Mitä aiot lukea huomenna? Harmittaako jokin asia lukemisessa? jne.

4. Suositellaan säännöllisiä käyntejä kirjastoon. Oppilas valitsee haluamansa tekstin tai kirjan. Oppilas nauhoittaa ääneen lukemista aluksi noin 10-15 min ajan ja lähettää viestin ryhmään. Mikäli innostusta riittää, lukeminen voi kestää jopa 30 min. Voidaan myös sopia, että lukeminen tehdään reaaliajassa ainakin joinain päivinä, mikäli se kesäopelle sopii. Mikäli mahdollista, kesäopella on sama teksti, josta hän pystyy seuraamaan lukua. Luettuaan oppilas kirjoittaa pääkohdat luetusta. Voidaan tehdä myös niin, että oppilas lukee tekstin ensin hiljaa mielessään ja vasta sitten ääneen.

5. Vapaaehtoinen kuuntelee tarkkaan ja tekee muistiinpanoja.

6. Kuunneltuaan lukunäytteen vapaaehtoinen kirjoittaa ryhmään palautteen. Kiinnitetään huomiota äänen käyttöön, ääntämiseen, lukusujuvuuteen, innokkuuteen sekä sanavarastoon. Kerätään vaikeat sanat listaksi tai sisällytetään ne ohjeistavaan lauseeseen. Kootaan myös hauskoja sanoja.

7. Pyydetään, että oppilas lukee palautteen ääneen kotona aikuiselle. Lisäksi hän lukee vaikeat sanat vielä ajatuksella, rauhallisesti miettien. Tarvittaessa kotona keskustellaan, mitä sana tarkoittaa.

8. Oppilas kysyy sanojen merkityksiä kesäopelta. On mahdollista myös soittaa.

9. Lukemistuokio on mahdollisuuksien mukaan päivittäin. Lukemiseen keskitytään ja pyritään poistamaan taustahäiriöt. Toisaalta oppilaan on hyvä oppia kuuntelemaan omaa ääntään taustalla olevien häiriöistä ja melusta huolimatta. Aina ei ole mahdollista opiskella hiljaisuudessa.

10. Kesäope kirjoittaa ryhmään tietoja vähintään seuraavista kokonaisuuksista:

- eloton ja elävä luonto, luonnossa liikkuminen ja turvallisuus

- oma toiminta luonnon monimuotoisuuden säilyttämiseksi ja luonnon suojelu

- suomalaisen kulttuurin erityispiirteitä

- suomen kielen erityispiirteitä

- käyttäytyminen ihmisten kesken ja liikenteessä

- terveellisyys

- ympäristön vaaroista

- ehkäpä jaetaan lasten tiedekysymyksiä sekä omia mielenkiinnon kohteita, matematiikan sanallisia tehtäviä, sanaristikoita, linkkejä askartelusivuille ja harrastussivuille

- Oppilaan uteliaisuutta kannattaa käyttää hyväksi, esim. kirjoittamalla: Arvaapa, mitä löysin tänään metsästä?

- Innostetaan oppilaita kirjoittamaan päiväkirjaa, viestejä, sähköposteja, ajatuksia, runoja, esitelmiä tai tekemään oma kirjaa.

- Kesäope ja oppilaat ilmoittavat omista esteistään, mikäli eivät pysty saman päivän aikana lukemaan tai kuuntelemaan luettua. Näin opitaan joustamaan ja on mahdollista saavuttaa molemminpuolinen luottamus.

11. Reflektoidaan oppimista yhdessä, ollaan rehellisiä. Opitaan antamaan palautetta puolin ja toisin.

12. Kesäope voi halutessaan kirjoittaa raportin kokemuksistaan ja antaa sen perheelle lahjaksi. Näin oppilaat saavat mallin, miten perustutkimusta tehdään, ja miten aiheesta kuin aiheesta voi kirjoittaa jopa kirjan, ks. liite 6.

4.1.4 Ajatuksia käytänteistä

HELPPO-kesäkoulussa perustetaan siis perheen yhteinen WhatsApp-ryhmä, johon myös kesäope liittyy. Tämä tehdään jo toukokuun puolivälissä. Pihlajan (2022) mukaan ryhmä on kyseessä, mikäli siinä on vähintään kolme ihmistä. Kestää ennen kuin ryhmä löytää dynamiikan ja kukin oman paikkansa ryhmässä. Ryhmän jäsenillä on erilaisia rooleja ja jäsenet voivat käyttäytyä eri tavoin ryhmän sisällä tai sen ulkopuolella. Ryhmä saa esiin eri puolia sen jäsenistä ja näin kehittää jäseniä. Ryhmässä voidaan kokea yhteenkuuluvuutta tai jopa yksinäisyyttä. Vaikeudet pitäisi nähdä mahdollisuuksina, sillä siten lapset saavat hyvän mallin. Ryhmän kehityksessä on voitu havaita seuraavat vaiheet: ryhmän muotoutuminen, alkuinnostus, sisäiset konfliktit, tehtävään suuntautunut toiminta ryhmänä ja ryhmän loppuminen. Ryhmässä tulisi pyrkiä hyväksymään erilaisuutta.

Kesäope seuraa tuntemuksiaan ja tekee niistä muistiinpanoja. Ne ovat tärkeitä, kun hän reflektoi toimintaansa ja suunnittelee tulevaa. Kirjoittaminen on hämmästyttävän usein terapeuttista toimintaa, sillä asioiden kirjaaminen paperille antaa kirjoittajalle luvan päästää niistä irti, eivätkä ne jää kuormittamaan mieltä. Saattaa jopa käydä niin, että kesäopelle nousee huoli lapsen osaamisen tasosta tai kehittymisestä. Heiskanen (2022) toteaa, että lapsen tuen tarpeen määrittelyssä pitää olla tarkkana, ettei siitä aiheudu merkittäviä seurauksia. Mikäli lasta arvioidaan, sen pitäisi kohdistua lapsen kehitysvaiheeseen, hänen saavuttamiinsa tietoihin, taitoihin ja osaamiseen ja henkilökohtaisiin ominaisuuksiin. Arvioinnissa tulisi olla mukana myös lapsen oma näkökulma ja mielipide, oppimisprosessin kerronnallista kuvausta sekä maininta lapsen tarpeiden edellyttämistä pedagogiikan muutostarpeista. Tuen tarpeita voidaan pyrkiä tunnistamaan havainnoimalla tilannesidonnaisuutta: fyysinen ja sosiaalinen ympäristö, vuorovaikutus ja kieli, arjen tilanteet, lapsen tila, annetun tuen vaikutus sekä eri tahojen näkökulmat. Tarvittaessa kesäope voi lähettää huoliterveiset oppilaan vanhempien tai huoltajien välityksellä koulun opettajalle.

On luontevaa, että kesäopelle lankeaa johtajan rooli ja se saattaa olla perheen aikuisten kannalta uusi ja ehkäpä vaikeakin asia, sillä välttämättä perheen mielipiteet kaikista asioista eivät ole yhteneviä. Pihlaja (2022) toteaa johtajuuden olevan ryhmässä suhteellisen pysyvää, mutta se voi myös muuttua ryhmän kehittyessä. Lapset voivat olla ryhmässä keskeisiä, vaikka he eivät toimisikaan johtajina. Mikäli ryhmässä on useampia lapsia, he ovat eri asemissa suhteessa toisiinsa.

Mitä enemmän kesäope kirjoittaa ryhmään, sitä enemmän oppilaille ja perheelle tulee lukuharjoitusta. Kun käyttää sovellusta tietokoneella, pystyy kirjoittamaan helpommin, eikä tule kirjoitusvirheitä kännykän näppäinten ollessa pienikokoisia. Opetushallituksen (2022) mukaan dokumentit, havainnot ja niiden tulkitsemiset ovat keskeisiä välineitä, kun tarkastellaan ja seurataan lapsen oppimisen tarpeita.

HELPPO-kesäkoulun sisältöön vaikuttaa luettujen kirjojen teemat, oppilaan omat kiinnostuksen kohteet sekä se, millaiseksi kesäopen ja oppilaiden vuorovaikutus muodostuu. OPH:n varhaiskasvatussuunnitelman mukaan (2022) mukaan lapsen tulee voida hyvin ja kokea olonsa turvalliseksi. HELPPO-kesäkoulussa lapsi on omassa kodissaan, tekee harjoitteita ja koko perhe voi seurata vuorovaikutusta ryhmässä. Oletuksena siis on, että lyhytkin kesäharjoittelu antaa lapselle tukea ja varmuutta lukemiseen sekä vahvistaa hyvän perustan rakentamista tulevalle oppimiselle.

4.1.5 Teemat

Teemojen sisällöt on esitelty kokonaisuudessaan liitteessä 6.

Lukeminen ja kuunteleminen
Kirjoittaminen
Suomen kielen kielioppia, oikeakielisyys
Kirjallisuus
Kielet
Käsitteitä ja sanontoja
Suomi
Reflektio

Käyttäytyminen
Historia
Maantiede
Luonto
Käsityö ja askartelu
Piirtäminen
Matematiikka
Arjen tekoja - puhuminen ja ajatteleminen
Leikit
Kirjaston käyttö
Liikunta
Terveys ja turvallisuus
Tekniikka
Tekoäly, AI

4.1.6 Alku-, väli- ja loppuarviointi

HELPPO-kesäkoulu kesti noin kuusi viikkoa alkaen toukokuun puolivälissä jatkuen kesäkuun lopulle. Koska kyseessä oli kokeilu, kesäope yritti jatkaa opetusta vielä heinäkuussa. Arviointi kohdistui oppilaan taitotason kehittymiseen, kesäopeen ja kesäkoulun struktuuriin. Jokaisen lukutuokion jälkeen tai vähintään kerran viikossa olisi hyvä käydä reflektiokysymyksiä läpi. Näin toimien kiinnostus yhteistä toimintaa kohtaan jatkuu myös alkuinnostuksen jälkeen. Mikäli kesäope on tyytyväinen toimintaan, sekin on hyvä

61

todeta. Heikkilä (2010) toteaa, että kokemuksista voi oppia, mikäli yksilö pohtii kokemuksiaan aidosti ja oikeudenmukaisesti.

Lukutaidon alkuarviointi voidaan tehdä lukunäytteen kuulemisen pohjalta ja sitä voidaan täydentää keskustelulla luetun ymmärtämisestä. Suomen kieli ja kirjallisuus tai S2-oppiaineesta koulussa annettu arvosana on myös hyvä lähtökohta. Kirjoitustehtävissä kannattaa pyrkiä ohjaamaan oppilasta itse korjaamaan tekstiä, esim. ilmoittamalla, montako virhettä on yhteensä ja millä riveillä ne ovat.

Laajempi yhteinen reflektio olisi hyvä tehdä kesäkoulun puolivälissä. Noin kolmen viikon jälkeen kesäopen on syytä kirjoittaa oppilaille oppimiseen ja toimintaan liittyvä palaute. Kuvaillaan, miten on edistytty ja saavutuksia verrataan asetettuihin tavoitteisiin ja alkutilanteeseen. Palaute nimetään henkilökohtaisesti ryhmässä, eikä oppilaita verrata toisiinsa. Kesäope voi kirjoittaa tuntemuksistaan, esim. onko hän ylpeä oppilaiden edistymisestä vai pitäisikö heidän jaksaa yrittää vielä enemmän. Voi tuntua vanhanaikaiselta todeta, että kaikessa toiminnassa vain harjoituksen kautta edetään mestariksi. On kohteliasta myös kysyä, miten kesäope voisi auttaa oppilaita enemmän, haluaisivatko he tulla kesäopen luokse vierailulle tai tekisivätkö kaikki yhdessä retken.

Loppuarvioinnissa kesäope voi pyytää perheeltä kommentit kesäkoulusta. Kokeilun aikana kysyttiin myös, olisiko oppilailla innostusta osallistua pieneen kertaustuokioon ennen koulujen alkua elokuussa.

4.1.7 Kesäkoulun arviointia

Karvi eli Kansallinen koulutuksen arviointikeskus arvioi varhaiskasvatukseen kohdennettuja kiusaamisen vastaisia ja lasten sosioemotionaalisia taitoja tukevia menetelmiä. Vlasov, Salminen, Repo, Karila, Kinnunen, Mattila, Nukarinen, Parrila & Sulonen (2018) ovat todenneet varhaiskasvatuksen arvioinnissa käytössä olevat arviointitekijät. Niiden kriteerien pohjalta on arvioitu HELPPO-kesäkoulua.

1. Rakennetekijät eli järjestämisen määrittävät tekijät eli lait, asetukset ja muut valtakunnalliset asiakirjat. Opetusta säätelee perusopetuslaki ja -asetus. Evankelis-luterilainen uskonto opetti aikoinaan kaikille Raamatun vanhan testamentin 10 käskyä. Yhteiskunnassa on sosiaalisia normeja.

2. Laadun prosessitekijät eli miten varhaiskasvatukselle asetettuja tavoitteita ja sisältöjä käytännössä toteutetaan. Käytännössä tavoitteita toteutettiin ennalta suunniteltujen tavoitteiden mukaisesti jokapäiväisellä lukutuokiolla. Kokeilun aikana pyrittiin lukemaan myös viikonloppuisin.

3. Arviointi eli toimintaa peilataan suhteessa asetettuihin tavoitteisiin. Kesäope ja perhe seurasi oppilaiden edistymistä lukusujuvuuden paranemisessa, sanavaraston laajenemisessa sekä lukuinnostuksen lisäämisessä. Lisäksi seurattiin lukemisen elävöittämistä, vastuunottoa sekä halua lukea säännöllisesti. Harjoitteluun tuli välipäiviä arkisten esteiden takia. Oppilaiden motivaatiotasoa oli vaikea nostaa ja kesäopen aktiivisuus lisääntyi kokeilun aikana olettamuksella, että innostus tarttuu. Tarkempi arviointi olisi edellyttänyt perheen haastattelua kokeilun jälkeen.

4. Itsearviointi antaa tietoa toiminnasta, toimintakulttuurista sekä vallitsevista arvoista. Kesäope tietää reflektiosta vain sen, mitä ryhmässä ja puhelinkeskusteluissa tuli esille. Koska työ oli jaettu kesäopen ja perheen kesken, reflektio ja sen seuranta kodissa jäi oppilaan vastuulle. Yhteinen suullinen reflektointi olisi ollut suotavaa.

5. Kehittävä arviointi eli arviointia tehdään oman toiminnan kehittämistä varten. Kesäope kävi reflektiota päivittäin ja kirjoitti ajatuksistaan omiin muistiinpanoihin ja myös palautteisiin. Reflektiosta olisi voitu keskustella yhdessä enemmän kuten edellä mainittiin.

6. Laadunhallinnalla tarkoitetaan johtamista, suunnittelua, arviointia ja toiminnan jatkuvaa parantamista, jotta asetetut laatutavoitteet saavutetaan. Kesäope pohti em. asioita päivittäin sillä olettamuksella, että perheessä pohdittiin myös - ovathan lapset perheissä tärkeitä. Kesäopen työtä helpotti, sillä oppilaat ja perhe olivat ennestään tuttuja MLL:n kautta.

7. Indikaattorilla tarkoitetaan tavoitetason tiivistämistä helpommin ymmärrettävään muotoon. Muistiinpanojen lukeminen, tiedon etsiminen ja raportin kirjoittaminen avasi monia näkökulmia ja pohdintoja. Kesäkoulutoiminnasta kertovan kirjan kirjoittaminen oli suuri ilo.

8. Kriteerit eli konkreettiset arviointiperusteet. Alussa asettamani hypoteesi, ettei kesäaikaan voida saavuttaa suuria tavoitteita, vaan että vähäisemmälläkin harjoituksella saadaan lisäarvoa lukusujuvuuden parantamiseen, toteutui. Jään odottamaan perheen kommentteja heidän saatuaan tämän kirjan.

4.2 Huomioita

Kesäkouluun osallistumisesta on voitu havaita etuja. Euroopassa puhutaan oppilaiden portfolioista eli ns. osakesalkuista. Ajattelen osallistumisen olevan osa oppilaan omaa curriculun vitaeta eli osallistumisesta olisi myöhemmin hyötyä. Siispä osallistuneille olisi hyvä antaa osallistumistodistus. Henry Harvin Education-organisaatiosta mainitsee blogissaan kesäkoulun tärkeimmäksi eduksi, että silloin on mahdollista oppia uutta kuten kieliä, käsityötaitoja jne. Toiseksi tärkein etu on, että lapsi osallistuu toimintaan ja levittää tietoa osallistumisestaan myös introverteille oppilaille ja näin voidaan vähentää heidän epäröintiään ja ujouttaan. Kannustetaan osallistumaan erilaisiin mielenkiintoisiin ohjelmiin ja pyritään työskentelemään niissä ahkerasti ja viisaasti.

Alussa kesäope teki tunnollisemmin merkintöjä ja muistiinpanojen kirjaamiseen muodostui tietynlainen rutiini. Oppilaiden osaamista ei mitattu, mutta oli kertoja, jolloin lukemisessa ei ollut mitään huomautettavaa ja niinä kertoina kesäopen muistiinpanoissa oli vain piirtelyä. Palaute olisi kannattanut kirjoittaa aina tietokoneella, jolloin kirjoitusvirheiden määrä olisi ollut vähäisempi, mutta aina ei ollut siihen mahdollisuutta. Gyekye et al. (2022) toteavat, että monikielisille lapsille annettu suomen kielen hyvä ja oikea kielellinen malli on suomen kielen oppimisen yksi edellytys.

Olen seurannut koulumaailman muutosta 1980-luvulta lähtien aktiivisesti, eikä siksi kesäopen aktiivisuuden kasvu suhteessa oppilaisiin tullut yllätyksenä. Toisaalta en tiedä kaikesta, mitä kotona tehtiin, sillä ilahduin saadessani valokuvia käsin kirjoitetuista päiväkirjamerkinnöistä, tiivistelmistä ja arvioinneista. Eli loppujen lopuksi oman aktiivisuuden tason voidaan ajatella olleen sopivalla tasolla. Käden hienomotoriset taidot kehittyvät käsinkirjoituksella ja kynätaito on tärkeä osa persoonallisuuden kehitystä. Wiley & Rapp (2021) vertasivat käsinkirjoitusta aikuisten ei-motoriseen harjoitteluun. Käsinkirjoitus tuotti nopeamman oppimisen ja yleistämisen tehtäviin, joita ei oltu harjoiteltu. Lisäksi käsinkirjoitus edistää persoonallisuuden kehitystä, kehittää hienomotorisia taitoja ja kirjainten oppimista. Kaikilla kesäopeilla eikä kodeilla ei välttämättä ole mahdollisuutta hankkia tietokonetta. Olisiko siis koulupäivien pituutta syytä pidentää, jotta käsialakirjoituksellekin voitaisiin varata aikaa?

HELPPO-kesäkoulun eduksi voidaan mainita jo ihan nimensäkin mukaisesti sen helppous. Kesäope voi itse valita aikataulunsa ja kuunnella luetun tekstin silloin, kun se itselle parhaiten sopii.

Aikaa ei kulu matkoihin, eikä tarvitse sopia aikatauluista. Joustamistaitoa tosin tarvitaan puolin ja toisin. Aluksi oppilaiden lukeminen voi olla arkaa ja lukemisen äänittäminen voi jännittää, mutta vähitellen luottamuksen lisääntyessä he rohkaistuvat. Palaute kannattaa kirjoittaa myönteisesti, mutta kuitenkin rehellisesti. Ei saa antaa oppilaalle kuvaa, että lukeminen on sujuvaa, ellei se ole. On tärkeää, että kesäope toteaa, että kaikki oppiminen vaatii työtä, ja että kun lukusujuvuus paranee, luetun ymmärtäminen paranee ja lukeminen alkaa tuntua miellyttävämmältä. Mikäli vapaaehtoisella kesäopella on yksi oppilas, hänen päivittäin toimintaan käyttämänsä aika on 30 min – 1 h. Voi myös käydä niin kuten opettajan työssä yleensä käy, että toimintaan voi huomaamatta kulua useampia tunteja.

Gyekye ym. (2022) mainitsevat, että lapsi pystyy vastaanottamaan ja omaksumaan kieltä helpommin, mikäli hänelle annetaan selkeän ja rauhallisen puheen malli, käytetään lyhyitä ja yksinkertaisia ohjeita sekä ääniympäristö vaiennetaan mahdollisuuksien mukaan. Kun kesäope kirjoittaa palautteen, oppilas voi lukea sen rauhassa miettien. Kuvien käyttö osana palautetta ja vuorovaikutusta on kätevää ja helppoa. Ryhmäoppimisessa lapsen huomion tulee kiinnittyä useampaan puhuvaan lapseen. Puhe voi olla päällekkäistä ja keskustelujen tempo nopeaa. Kahdenkeskiset vuorovaikutustilanteet ovat tiiviitä ja kehittävät näin kielen oppimista ja ilmaisemista edellyttäen sensitiivisyyttä. (emt. 2022.)

Oppilaiden tunteisiin vaikuttaminen oli vaikeaa puhelimen välityksellä. Koulussa yleisesti käytettävät pelit, kirjat ja yhdessä oppimisen tuokiot eivät olleet käytössä, joten innostus ei tarttunut niiden kautta. Koululuokassa on kaikenlaisia oppijoita ja oppilaat seuraavat toisiaan. Innostus tarttuu ja motivaatio kasvaa. Kesäope voi vain kysellä, olisiko kotona joitakin kielen oppimista tukevia pelejä kuten sanatunnistuspelejä. Kierrätyskeskuksen ilmaishuoneessa olen nähnyt pelejä ja myynnissä niitä oli lukuisia kappaleita edulliseen hintaan. Pohdittavaksi jäi kysymys, miten kesäope onnistuisi innostamaan koko perhettä enemmän, koska yleisesti tiedetty totuus on, että lapset tarvitsevat lukemisen mallin.

Kännykän avulla äänen nauhoittaminen on helppoa eli kyse on ns. esteettömästä teknologiasta. Kädet jäivät vapaaksi ja sormien avulla pystyi seuraamaan kirjaimia ja sanoja. Kesäopen tehtävänä on siis kuunnella oppilaiden lukunäytteet. Oppilaita voi kannustaa myös itse kuuntelemaan omaa lukemistaan. Näin käsitys itsestä lukijana vahvistuu eli itsetunto lukijana kasvaa. Kesäopesta hauskinta oli kuunnella oppilaiden lukemat vuoropuhelut - välillä jopa nauratti.

Gyekye ym. (2022) toteavat, että olisi tärkeää tunnistaa ne suomen kieltä opettelevat lapset, joilla on puheterapiakuntoutuksen tarve. Mikäli näin on, varhaiskasvatuksen S2-opettaja ja perusterveydenhuollon puheterapeutti tekevät yhteistyötä. Puheterapian asiakkaina vieras- ja monikielisiä lapsia on yhä enemmän. Kesäopen kannattaa kertoa perheen aikuisille, mikäli puheessa kuuluu ääntämisvaikeuksia tai hän havaitsee joitakin oppimista estäviä seikkoja. Mikäli kesäkoulua pitäisivät opettaja- ja varhaiskasvatusopiskelijat, heillä olisi mahdollisuus oppia paljon eri kulttuureista, opetustaidosta, asioiden kiteyttämisestä, vuorovaikutuksesta, motivoinnista, tavoitteiden asettelusta ja saavuttamisesta.

Kesäkoulussa voitiin havaita useita puutteellisuuksia. Ensimmäinen oli, ettei kesäopen auktoriteetti ehkä mahdollista sitä, että oppilaat lukisivat aamupäivisin, jolloin aivot ovat yöunen jälkeen vastaanottavaisimmillaan. Toinen oli, ettei kesäope voi pakottaa oppilasta lukemaan, vaan se olisi kodin tehtävä. Vanhempien tai huoltajien ollessa töissä, lukeminen saattaa jäädä helposti iltapäivään. On mahdollista, että kesäope voi kokea itsensä epäonnistuneeksi tai surulliseksi, mikäli puolin ja toisin ei noudateta sovittua. Kolmanneksi kesäope voi kokea, ettei harjoittelu innosta oppilasta. Voi myös käydä niin, että oppilas kokee lukemisen jopa vastenmielisenä. Tällöin olisi syytä korostaa, että oppilas itse valitsee lukemansa. Suurin osa kirjoista ja muista teksteistä on asiantuntijoiden tarkistamaa kieltä. Ei ole haitaksi, mikäli puhekielessä tarvittava sanavarasto karttuu aluksi sarjakuvia lukemalla. Neljäntenä voidaan mainita vertaistuen puute.

Vaikeuksia tuotti lisäksi ikätasolle sopivan lukemisen ja teemojen löytäminen sekä palautteen kirjoittaminen itselle vieraasta aihepiiristä. Parasta olisi, mikäli oppilaat itse kääntyisivät kirjastojen asiantuntijoiden puoleen ja noutaisivat itselleen luettavaa. Kirjastojen aukioloajoissa oli kesäaikaan muutoksia. Kesäopelle voi olla myös hämmentävää pohtia, miten paljon kesäkoulutoiminnassa on aitoutta ja miten paljon draamaa. Kulttuuri- ja kielierot voivat tuoda esiin asioita, joihin ei pysty varautumaan ennalta.

4.3 Jatkokehitysideoita

Käytänteistä sopiminen vaatisi jonkun ulkopuolisen koordinaattorin. Myös kesäope tarvitsisi jonkun, jolle voisi purkaa tuntojaan. Pitää kuitenkin muistaa, että kaikesta ei voida etukäteen sopia, sillä ryhmässä tulee esille monia mielipiteitä. Toimintaan voidaan joutua tekemään muutoksia tai se voidaan joutua keskeyttämään syystä tai toisesta puolin tai toisin. On myös mahdollista nähdä asian myönteinen puoli, eli kesäopen ja perheen yhteistyö voi jatkua. Ehkäpä kesäope saa seurata oppilaiden koulupolkua ammattiin asti.

Mikäli aloittaisin kesäkoulun uudestaan, lisäisin siihen enemmän keskusteluja. Koska motivointi kirjoittamalla tuntui vaikealta, en halunnut mennä mukaan videoviestien lähettämiseen. Toisaalta mustikoiden keruu retkeltä metsässä ottamani video olisi ollut hyvin opettavainen, mikäli siitä olisi voitu lisäksi keskustella. Videoista keskusteleminen ja tarkkailutehtävien antaminen olisi tärkeää, jotta ne toimisivat oppimisen tukena. Suomalainen metsä voi jäädä monille lapsille vieraaksi kokemukseksi, ja silloin videot marjojen ja sientenkeruuretkistä voisivat rohkaista ja innostaa. Näin erityisesti, ellei ole mahdollisuutta tehdä yhteistä retkeä. Vähän myös harmittelin, kun en ehtinyt tutustua vanhaan kansalaistaidon oppikirjaani luokille 5-6.

Omien tunnetilojen siirtäminen ja innostus lukemiseen välittyy parhaiten mallista tai esimerkistä. Miten se tapahtui kirjallisesti? Lähetin ns. minä-viestejä, esim. Ilahtuisin, mikäli… tai Minua ilahduttaisi, jos saisin kuunnella lukemistasi. Olisi ollut hienoa, mikäli kesäkoulu olisi päättynyt yhteiseen tapaamiseen tai luontoretkipäivään metsään tai siirtolapuutarhaan.

5 Pohdintaa laajemmassa kehyksessä

HELPPO-kesäkoulun pohtiminen kesän jälkeen toi esille useita ajatuksia.

5.1 Kielen kehityksestä

Suomi monikielistyy, maailma globaalistuu, perheet kansainvälistyvät ja monikielistyvät, joten yhden kielen puhuminen vähenee. Lapsen äidinkieli on se kieli, jota hän alkaa omaksua varhaislapsuudessa siinä perheessä tai yhteisössä, jossa hän elää. Lapsen on mahdollista omaksua useampia kieliä. Suomen kielen omaksumisessa huoltajien oma kielitaito vaikuttaa lapsen kielen kehitykseen. Hyvä äidinkielen taito edistää toisen kielen oppimista. (Gyekye ym. 2022.)

Yleinen toteamus kirjallisuudessa on ollut, että tutkimustietoa kielistä ja niiden opiskelusta tarvittaisiin lisää. Understood-organisaation Lee toteaa, että joidenkin mielestä lukeminen on yksinkertainen tehtävä, mutta todellisuudessa se on monimutkainen prosessi ja edellyttää monia taitoja. Hän esittelee kuusi keskeistä taitoa, joihin keskittymällä vanhemmat voivat tukea lastaan lukutaidon oppimisessa tavoitteenaan luetun ymmärtäminen.

1. Dekoodaus eli foneeminen tietoisuus, laajemmin fonologinen tietoisuus. Lapsi kuulee äänteet sanoissa ja tavuissa. Äänne vastaa kirjainta. Apuna käytetään kirjoja, lauluja ja riimejä, sanapelejä sekä lukemista. Varhaisimmat lukemisvaikeuksien merkit liittyvät riimeihin, tavujen laskemiseen tai sanan ensimmäisen äänteen tunnistamiseen.

2. Lukusujuvuus eli lapsi tunnistaa välittömästi kaikki sanat, jolloin tekstin lukeminen ja luetun ymmärtäminen helpottuu. Kun sanantunnistus paranee, lapsi pystyy tunnistamaan kokonaisia sanoja välittömästi. Kun lukeminen on nopeaa, eikä siinä ole virheitä, lukeminen on sujuvaa. Lapsi pystyy silloin ryhmittelemään sanoja ymmärtääkseen niiden merkityksen ja pystyy käyttämään lukiessaan äänensävyjä. Keskitasoisen lukijan on nähtävä sana 4-14 kertaa pystyäkseen tunnistamaan sanan automaattisesti. Mikäli lapsella on jokin ongelma, hänen on nähtävä sana ehkä jopa 40 kertaa. Tunnistaminen vaatii harjoittelua ja tukea. Tärkein keino on lukea sopivan vaikeustason kirjoja.

3. Sanaston hallitseminen tarkoittaa sitä, että lukija ymmärtää suurimman osan tekstin sanoista. Vahva sanavarasto on siis keskeinen tekijä luetun ymmärtämisessä. Sanoja opitaan jokapäiväisten kokemusten avulla ja lukemalla. Mitä enemmän lapset altistuvat sanoille, sitä rikkaammaksi sanavarasto kehittyy. Keinona sanavaraston lisäämiseen on keskusteleminen eri aiheista. Pyritään lisäämään uusia sanoja ja ideoita, kertomaan vitsejä ja pelaamaan sanapelejä. Päivittäiset yhteiset lukutuokiot ovat hyvä keino. Kun aikuinen lukee lapselle, hänen kannattaa pysähtyä uusien sanojen kohdalla ja määritellä niitä, jotta sanojen konteksti selviää lapselle. Opettajat valitsevat mielenkiintoisia sanoja ja antavat eri tasoisia ohjeita, innostavat oppilaat keskustelemaan sekä tekevät lukemisesta hauskaa sanapelien pelaamisella.

4. Lauseiden rakenne ja johdonmukaisuus korostuu kirjoittamisessa. Koheesioksi kutsutaan sitä, miten ajatukset yhdistetään lauseiden sisällä ja välissä. Tällainen tieto auttaa lasta ymmärtämään merkityksen ja kokonaisuuden. Vähitellen taito näkyy kirjoittamisen kehityksessä. Lapselle

kannattaa opettaa, miten lause rakennetaan. Opetetaan myös, miten kaksi tai useampi lause yhdistetään lukemisessa ja kirjoittamisessa.

5. Päättely ja taustatiedot auttavat lasta yhdistämään asioita ja ymmärtämään, mikä on tärkeää. Kyky lukea rivien välistä eli merkityksen löytäminen, vaikkei sitä olisi kirjoitettu, on tärkeä taito. Esimerkiksi mikäli lapsi lukee tarinaa köyhästä perheestä 1930-luvulla, tieto suuresta lamasta voi antaa käsityksen, mitä tarinassa tapahtuu ja auttaa tekemään johtopäätöksiä. Lapsi rakentaa tietoa lukemisen, keskustelujen, elokuvien, TV-ohjelmien ja taiteen avulla. Myös elämänkokemus ja käytännön aktiviteetit rakentavat tietoa, joten lapsi kannattaa altistaa mahdollisimman paljon kaikelle tiedolle. Aikuinen voi puhua omista kokemuksistaan. Autetaan lasta rakentamaan yhteyksiä olemassa olevan ja uuden tiedon välille. Avoimet kysymykset vaativat ajattelua ja selittämistä. Aikuisen katsoessa videoita yhdessä lapsen kanssa, hänen kannattaa tehdä kysymyksiä: Mikä on ...? Mistä tiedät? Missä tarina tapahtuu? Miltä ... tuntuu? Mistä tiedät? Mitä luulet, että tarinen päättymisen jälkeen tapahtuu?

6. Muisti ja keskittyminen edistävät lukemista. Lukiessa oppilaat saavat tietoa tekstistä ja muistin avulla he voivat pitää kiinni tiedosta ja rakentaa

uusia merkityksiä. Oppilas tunnistaa, mikäli hän ei ymmärrä jotain ja silloin pitää pysähtyä tekstissä ja palata aiempaan kohtaan. Käytetään pelejä ja arkisia aktiviteetteja, joissa työmuisti rakentuu. Haetaan mielenkiintoista ja motivoivaa luettavaa. Kannustetaan lasta pysähtymään ja lukemaan uudelleen, jos jokin asia on epäselvä. Annetaan malli ääneen ajattelemisesta. Näin varmistetaan, että luettu teksti on järkevää.

Lukemisvaikeudet eivät tarkoita, etteikö lapsi olisi älykäs. Jotkut lapset vain tarvitsevat ylimääräistä tukea ja rohkaisua edistyäkseen.

5.2 Kesäkoulusta

Sahlberg (2004) toteaa, että lapsen on syytä oppia olemaan itsensä kanssa! Lause kuvastaa vanhempien toivetta siitä, että lapsen elämä ei saisi olla liian ohjelmoitua. Oppia tuntemaan oma itsensä, tiedostaa omat vahvuutensa ja heikkoutensa sekä hyväksyä oma temperamentti, ovat tärkeitä taitoja. Mutta mikäli oppilaalla ei ole riittävää kielitaitoa, hänen on vaikea sijoittaa itseään suomalaisen yhteiskunnan yhteisöjen sisälle. Kielitaito on avain sosiaaliseen kanssakäymiseen ja yhteistoimintaan.

Olen kuullut sanottavan, ettei kukaan lapsi jaksa olla toisen lapsen kielenopettajana. Tämä ajatus on ymmärrettävä, mutta yleensä se on lähtöisin aikuisen suusta. Lapset eivät yleensä koe asiaa vaikeutena, vaan auttavat mielellään, mutta eivät tietenkään kokoaikaisesti. Miten lapset voivat oppia suomen kieltä, ellei heille puhuta sitä, eivätkä he kuule kieltä? Ympärillämme olevat asiat automatisoituvat ja vuorovaikutusta on aina vain vähemmän ja vähemmän.

Kesäkoulu antaisi mahdollisuuden kuulla kieltä, puhua, lukea ja kirjoittaa. Olisi mahdollista oppia lisää kielestä ja kulttuurista. Kaikki Suomessa asuvat lapset eivät ole koskaan päässeet käymään kantaväestön kotiin tai heidän kanssaan yhteiselle retkelle. Organisoitujen kesäkoulujen käytäntöjä kehittämällä kaikki oppilaat voisivat päästä parempiin tuloksiin kieliopinnoissa ja mahdollista ulkopuolisuuden tunnetta voitaisiin vähentää. Toisaalta on vaikea muuttaa totuttuja tapoja, pitkää kesälomaa ja oppilaiden vapautta itse päättää perheen kanssa, miten kesäloma vietetään.

Kiteytän vielä kesäkoulun kehittämistyön haasteet:
1. Oppilaan ongelmien tunnistaminen. 2. Yhteisestä toiminnasta sopiminen perheen,

kesäopen ja organisaation kanssa. 3. Toiminnan seuranta ja arviointi. 4. Käytäntöjen kehittäminen. On mahdollista, että ajatus kesäkoulusta ei tunnu houkuttelevalta varsinkin, jos pitää valita ulkona leikkimisen tai sisällä lukemisen välillä. Mahdollisesti yhteiskunnassa suhtautuminen voi olla kielteistä ja sitä voidaan perustella taloudellisilla syillä tai sen voidaan ajatella eriarvoistavan oppilaita.

ASCD:n (2011) mukaan olisi hyvä pohtia, miksi kesäoppimiseen tulisi panostaa. Mikäli oppilaat eivät opiskele kesällä, he jäävät jälkeen. On tehty tutkimuksia, joissa on osoitettu, että ilman kesäkoulua oppilaat menettäisivät noin kahden kuukauden lukutaidon ja matematiikan taidot. Erot lukutaidossa ovat seurausta epätasa-arvoisista oppimismahdollisuuksista kesäkuukausina. Kesäkoulua tulisi kehittää seuraavien yhdeksän periaatteen mukaan:

1. Kesäkoulun tulee olla kestoltaan, intensiteetiltään ja laajuudeltaan kattava. Sen tulisi kestää kuusi viikkoa.

2. Kesäkoulutoimintaa kannattaa laajentaa kaikkiin opiskelijoihin, ei vain niihin, joilla on vaikeuksia oppimisessa.

3. Sekoitetaan akateeminen oppiminen ja muu toiminta. Sisällytetään kesäkouluun käytännönläheistä ja mukaansatempaavaa toimintaa, jossa opitaan yhteistyötä, keksitään innovaatioita, kehitetään luovuutta, viestintää ja kerätään dataa ja analysoidaan sitä.

4. Kerätään kumppanuuksia organisaatioista, jotta resurssit voidaan hyödyntää tehokkaasti ja ohjelmasta tulee laadukas.

5. Tarjotaan oppilaille terveellistä ruokaa, retkiä, virkistystä ja annetaan tukea.

6. Kesäkoulu antaa ohjaajille mahdollisuuden saada arvokasta johtajakokemusta ja testata uusia opetusmalleja.

7. Ohjelmaan kannattaa sisällyttää innovatiivisia lähestymistapoja kuten joustava opintosuoritusten palautus ja vierailut instituutioihin, jotka tarvitsevat tulevaisuuden menestyjiä.

8. Kesäkoulu tulisi erityisesti kohdistaa oppilaisiin, jotka elävät siirtymävaihetta eli päiväkodista kouluun, alakoulusta yläkouluun ja sieltä lukioon.

9. Kesällä oppiminen pitäisi olla koulustrategiasuunnittelun keskiössä. Sillä pitäisi olla kestävä ja vakaa rahoitus, pitkän

aikavälin suunnittelu, vankka arviointi ja parannettu infrastruktuuri ja tiedonkeruu.

Suomessa kesäloman pituus on yli kaksi kuukautta. Olisi suotavaa, että kaikilla lapsilla olisi mahdollisuus osallistua jonkinlaiseen tuettuun toimintaan kesälomalla. Vapaaehtoisuuteen perustuva HELPPO-kesäkoulun tulisi olla osallistujille ilmainen. Kun toiminta olisi vakiintuneempaa ja olisi saatu kerättyä tietoa jatkokehitystarpeista, malli voitaisiin antaa kuntien ja kaupunkien käyttöön.

Vielä 1970-luvulla oppilas sai oppiaineesta "ehdot", mikäli ei läpäissyt oppiaineen sisältöjä. Nyttemmin käytännöstä on luovuttu. Mikäli kesäkoulua kehitettäisiin pakolliseksi, se edellyttäisi kielitaidon mittausta koulun toimesta. 1970-luvulla jo alimmilla luokilla teetettiin keväisin oppilailla suomen kielen valtakunnallinen testi. Mikäli testi olisi sama kaikilla oppilailla, voitaisiinko kesäkouluun pakottaa ne oppilaat, jotka suoriutuvat testistä heikoin arvosanoin.

Lääkärikirjan (1995) ja Mieli ry:n mukaan sosiaalisten tilanteiden pelko eli "kahvikuppineuroosi" on Suomessa tavallista. Noin 12 % väestöstä kärsii sosiaaliseen vuorovaikutukseen liittyvästä ahdistuneisuudesta, mikä on paljon muihin maihin verrattuna. Tavallisia sosiaalisten tilanteiden pelkoa aiheuttavia tilanteita ovat esiintyminen, ruokailu, juominen ja kirjoittaminen muiden nähden, osallistuminen sosiaalisiin tilaisuuksiin, katsekontaktin luominen vieraalta tuntuvaan henkilöön, puhuminen vieraan kanssa ja toisten tarkkailun kohteeksi joutuminen. Altistuminen pelolle voi aiheuttaa voimakasta ahdistuneisuutta ja tilanteiden välttäminen johtaa elämän kapeutumiseen sekä mahdollisesti tuottaa masennusoireita tai johtaa myöhemmin päihteiden väärinkäyttöön. Pelkoa on vaikea "selättää", vaikka ihminen tiedostaa sen olevan suhteetonta. Henkilö hyötyisi erilaisista terapioista tai sosiaalisesta kuntoutuksesta, joiden avulla voidaan kohentaa ihmissuhdetaitoja. Sosiaalisten tilanteiden pelosta aiheutuu tilanteiden välttelyä, mikä saattaa muodostua elämää rajoittavaksi tekijäksi. Mikäli ne alkavat varhain, ne voivat rajoittaa koulutuksen hankkimista ja uran valintaa. Jännitysoireet ovat välillä lievempiä ja ajoittain vaikeampia (ks. myös Lääkärikirja 2006). Perhekoot ovat pienentyneet, eikä kaikilla lapsilla ole mahdollisuutta saada tukea isommalta sisarukselta. Yhteiskunta on suuntautunut yhä enemmän yksilökeskeisyyteen, jolloin omista mielenkiinnon kohteista pidetään kiinni. Joillakin oppilailla voi olla ikäviä kokemuksia kiusatuksi tulemisesta, ja silloin HELPPO-kesäkoulumalli sopisi heille varsin hyvin.

Huoli kielen kehityksestä syntyy, mikäli 4-vuotiaana lapsen sanavarasto on suppea, asioiden kuvaus epätarkkaa, lauseet ovat yksinkertaisia, ongelmia on taivutusmuodoissa, artikulaatiossa, leikkitaidoissa sekä vuorovaikutustaidoissa. Ongelmia voi ilmetä myös kuullun ymmärtämisessä, sanojen nimeämisessä sekä leikin sääntöjen sisäistämisessä, vaikka niitä toistettaisiin. Tällöin lapsi ohjataan puheterapeutille tai foniatrille ja yhteistyö kodin kanssa on oleellinen osa kehityksen tukemista. (Korpilahti ym. 2022.)

YK:n lapsen oikeuksien julistuksen mukaan lapsella on oikeus ilmaista oma mielipiteensä häntä koskevissa asioissa ja ne on otettava huomioon iän ja kehitystason mukaisesti. Kesäopen kannattaa valmistautua kuuntelemaan, mikäli perheessä on koettu lasten jääneen ryhmien ulkopuolelle. Viitala (2022) selittää asiaa sosiaalisen osallisuuden käsitteellä. Asiaa voi olla vaikea lähteä käsittelemään. Sosiaaliseen osallisuuteen vaikuttavat vuorovaikutus- ja ystävyyssuhteet, ryhmältä saatu hyväksyntä sekä oma käsitys, onko hänet hyväksytty ryhmään. Seuraukset voivat olla joko myönteisiä tai kielteisiä.

Merikosken ja Pihlajan (2022) mukaan nykyisin puhutaan esteettömästä viestinnästä. Sen keinoja ovat ilmeet, eleet, kehonkieli, tukiviittomat, kuvat, piirtäminen, puhelaitteet ja viestintäohjelmat. Kieli ja puhe kehittyy ihmisten välillä kielellisessä ja ei-kielellisessä vuorovaikutuksessa. Suositellaan toistoja sekä puheen rytmittämistä, jotta ohjeet ymmärretään. Lisäksi mainitaan piirtäminen vuorovaikutuksen välineenä sekä suujumppa. Annettu tuki pitäisi pystyä antamaan oikea-aikaisena, -laatuisena ja -määräisenä.

Kokemukseni mukaan oppilaat pitävät strukturoiduista tilanteista. HELPPO-kesäkoulu antaa mallin ns. hyvästä toimintakulttuurista tiettyine velvollisuuksineen ja vastuineen. Kesäkoulun aikana herätin keskustelua kännykän käytöstä professori Haidtin ajatusten pohjalta:

1. Ei älypuhelinta ennen lukiota.
2. Ei sosiaalista mediaa ennen 16. ikävuotta.
3. Puhelimet lukittuun säilöön koulupäivän ajaksi.

4. Paljon enemmän leikkiä ja omaehtoista tekemistä ilman vanhempien jatkuvaa hyysäystä ja valvontaa.

Perheissä voidaan joutua tilanteisiin, jossa kännykän käyttö "riistäytyy käsistä". Sosiaalisen median käyttö antaa lapsen aivoille hyvänolontuntemuksia eli dopamiinitason nousua aivoissa ja kännykkä pyritään ottamaan esiin vähän joka tilanteessa. Mikäli käyttö on liiallista, se voi johtaa aivojen mukautumiseen ja edelleen vakavaan riippuvuuteen. Ulkona leikkivien lasten määrä on vähentynyt niin maaseudulla kuin kaupungeissa. Huolettaa, miten paljon lapset ovat sisällä katsoen kännykästä videoita, joista ei keskustella. Lukutaito ja luetun ymmärtäminen tuskin sillä keinoin kehittyvät.

Koulujen kännykkäkielloista on keskusteltu. Päävastuu kännykän käytön ohjaamisesta on kodeilla, sillä lapsi on koulussa vain muutaman tunnin päivässä. Koulutettu opettaja osaa itse päättää, mihin oppisisältöön sopii kännykän käyttö luontevasti ja mihin ei. Siirtymävaiheet ovat perinteisesti olleet raskaita melutason nousuineen, mutta oletettavasti perinteisten opetusmallien ja uuden teknologian yhteensovittaminen onnistuu, kun sitä harjoitellaan. Koulujen järjestyssäännöt oletettavasti kieltävät häiritsevän kännykän käytön. Eikö juuri sosioemotionaaliset taidot omaavalla oppilaalla ollut kyky arvostaa muita ja käyttäytyä sovittujen sääntöjen mukaan? Koulun merkitys on jossain määrin ymmärretty yhteiskuntaan sosiaalistavana instituutiona väärin, mikäli välitunneilla ei olla vuorovaikutuksessa toisten oppilaiden kanssa. Lipkin National Association for Media Literacy Education - instituutista kiteyttää asian toteamalla, että oppilaiden on kehitettävä taitojaan terveelliseen puhelimen käyttöön myös koulun ulkopuolella.

Kännykän käyttörajoituksista keskustelemalla perheillä on mahdollisuus opetella ja opettaa lapselle sopimisen jaloa taitoa. Olisiko syytä rohjeta antaa valtakunnallinen suositus: 0-10 v ruutuaika 0 h/pv, 10-12 v 1 h/pv, 12-15 v 2 h/pv, 16-18 v 3 h/pv? Älykännykkä hankittaisiin lapselle vasta, kun sujuva lukutaito on saavutettu. Kännykän käytöstä sovittaisiin suullisesti ja kun lapsi kasvaa, voitaisiin kirjoittaa kirjallinen sopimus. Sovittaisiin yhdessä, mitä sopimuksen rikkomisesta seuraa.

Huoleni suomen kielen asemasta ei ole vähentynyt. Julkisuudessa huolta ovat kantaneet myös mm.

Opetushallitus, Suomen kielen lautakunta, Kotimaisten kielten keskus, Kielikello, Kivenkantajat-ryhmä ja useat professorit, tutkijat, lääkärit, opettajat, kouluavustajat ja puheterapeutit. Huoli kielestä ei ole uusi asia, sillä Helsingin Sanomien 50 vuotta sitten -palstalla oli kirjoitus, jossa oltiin huolestuneita sössösuomesta. Tunnusomaista oli "ilmeettömyys, väärä painotus, pop-ässä, maneerimaiset sävelkulut, yhdyssanojen pätkittäminen sekä turhat tilkesanat". Nyttemmin on lehdissä lukenut, että osa lapsista puhuu "rallienglantia" tai "youtube-englantia". Vuonna 2022 15-vuotiaiden suomalaisten oppilaiden tulokset laskivat PISA-tutkimuksessa matematiikassa, lukemisessa ja luonnontieteissä verrattuna vuoteen 2018. Lasku oli alkanut jo aiemmin. Erot eniten ja vähiten pisteitä saaneiden välillä ovat kasvaneet ja heikkojen lukijoiden osuus kasvoi. Lapset eriävät lukutottumuksissaan jo varhain. Ei voi muuta kun toivoa, että kaikki perheet tutustuttaisivat lapset kirjoihin ja käyttäisivät kirjastojen palveluja.

Kirjaa kirjoittaessani tutustuin ajatuksiin klassisista kouluista. Hess (2024) tuo esille niiden nousun suosion. On kyse kouluista, joissa oppilaiden älyllisiä hyveitä kuten tutkimustaitoja ja kurinalaisuutta kehitetään moraalisten hyveiden kuten myötätunnon, anteliaisuuden ja rohkeuden rinnalla, on mieli, keho ja henki. Olettamus on, että ne yhdessä johtavat asiantuntijuuteen ja pätevyyteen. Luokkahuoneet muistuttavat työpajoja, sillä niissä tutkitaan aiempien mestareiden aikaansaannoksia samalla omaa ajattelua ja luovuutta kehittäen. Puhelimet ja digitaaliset häiriötekijät ovat rajoitettuja. Opettajia niihin on vaikea löytää, sillä heillä on oltava sekä asiantuntemusta että pedagogista pätevyyttä. Jos esimerkiksi halutaan kitkeä rasismi yhteiskunnasta, luetaan suurten ajattelijoiden kirjoituksia inhimillisestä virheestä suhtautua muihin halveksivasti, kuten esim. Augustinus, Bartolomé de las Casas, Ghandi ja King. Em. kirjoittajat muistuttavat, että yhteiskunta puolustaa ihmisarvoa ja näin inspiroivat seuraavia sukupolvia tarttumaan asiaan. "Klassinen koulutus varustaa nykypäivän opiskelijat ideoiden aarrearkulla, josta he voivat luoda inhimillisemmän ja oikeudenmukaisemman yhteiskunnan."

Jäin miettimään kolmea asiaa. Hyötyisivätkö kaikki lapset, mikäli lukemaan oppimisessa tukeuduttaisiin Orton-Gillinghamin menetelmään? Kyse on moniaistisesta lukemaan opettamisen menetelmästä, jossa käytetään apuna näköä, kuuloa, kosketusta ja liikettä, jotta lapsi oppisi yhdistämään kirjaimet sanoihin. Listaan kannattaisi lisätä vielä laulaminen. Miten kykenisimme opettamaan nykyajan lapsille kohtuullisuutta ja oikeudenmukaisuutta? Ehkäpä seuraavissa kesäkoulukokeiluissa opetus kannattaisi sittenkin aloittaa kansalliseepoksesta Kalevalasta sekä tutustua Gallen-Kallelan Kalevala-aiheisiin Kansallismuseon katossa oleviin maalauksiin Helsingissä.

Lähteet

Aalto, Mikko, kehitysjohtaja, Milestone Oy.
TEK – tekniikan akateemiset 6/2005

Ahvenainen, O., Ikonen, O. & Koro, J. 2001.
Johdatus erityiskasvatuksen käytäntöön.
Helsinki: WSOY.

APA. American Psychological Association.

Arajärvi, T. 1992. Tasapainoinen koululainen.
Porvoo: WSOY.

ASCD. 2011. A New Vision for Summer
School. Vol. 69. No. 4.
https://ascd.org/el/articles/a-new-vision-for-summer-school

Autismiliitto.

Cummins, J. Montgomery County Public
Schools.

Eisenberg, N. & Mussen, P. H. 1989. The roots
of prosocial behavior in children.
Cambrigde: University Press.

Elias, M. J. 2003. Academic and social
emotional learning. Educational practices
series-11, International Academy of
Education.

Elisa Oyj.

Erkolahti, R., Sandberg, S. & Ebeling, H. 2011.
Somatisointi ja somatoformiset häiriöt lapsilla ja
nuorilla. Lääketieteellinen Aikakauskirja
Duodecim 2011;127(18):1904-10

Familia ry.

Fernald, L. C. H., Prado, E., Kariger, P. &
Raikes A. 2017. A toolkit for Measuring
Early Childhood Development in Low- and
Middle-Income Countries. International
Bank for Reconstruction and
Development/The World Bank. Washington
DC.

Ginsburg, K. R. 2017. The Importance of Play
in Promoting Healthy Child Development
and Maintaining Strong Parent-Child Bonds.
Pediatrics 2007; 182-191.

Gyekye, M. & Ruponen, U.-M. 2022. Suomi
toisena kielenä -oppiminen: ohjaus,
pedagoginen toiminta ja haasteet.
Teoksessa: Pihlaja, P. & Viitala, R. (toim.)
2022. Varhaiserityiskasvatus. PS-Kustannus.

Haidt. J. 2024. Palohälytys soi, miksemme
toimi? Helsingin Sanomat.

Harva, U. 1973. Maailmankatsomuksen
ongelmia. Helsinki: Otava.

Heikkilä, J. 2010. Luovasta ideasta
innovaatioon – luovuus ja innovatiivisuus
selviytymiskeinoina. Enostone Oy.

Heikkilä, R. 2024. Lukemisen ja kirjoittamisen
vaikeudet. Etäluento 25.4.2024.

Heiskanen, N. 2022. Tuen prosessit ja
lähtökohdat. Teoksessa: Pihlaja, P. & Viitala,
R. (toim.) 2022. Varhaiserityiskasvatus. PS-

Kustannus.

Helsingin kaupunki -lehti.

Helsingin yliopisto

Henry Harvin Education. Henry Harvin. Blog.
https://www.henryharvin.com/blog/the-10-best-summer-schools-in-europe/

Helmet

Helsingin kaupunki

Helsingin yliopisto, avoin yliopisto.
https://www.helsinki.fi/fi/kielikeskus/kielitaido
n-   taitotasokuvaukset

Hess, R. 2024. Classical Education Is Taking
   Off. What's the Appeal? Education Week,
   May 06, 2024.

Huemer, S., Salmi, P. & Aro, M. 2012.
   Tavoitteena sujuva lukutaito. NMI Bulletin
   2/2012.

Jays Camp RBI Summer Edition.

Karl-Magnus Spiik Ky

Keltikangas-Järvinen, L. 2010. Sosiaalisuus ja
   sosiaaliset taidot. WSOY.

Kerr, J. M. 2024. Unlock Your Luck to Benefit
   Your Effectiveness as a Leader. Psychology
   Today, August 27, 2024.

Kivanet. https://sites.uwasa.fi/kivanet/

Koponen, S. 2020. Selviytymiskeinoja
   näkymättömiltä. Aineistolähtöinen

sisällönanalyysi ostrakismin voittamisesta. Pro gradu -tutkimus. Turun yliopisto. Kasvatustiede. Opettajankoulutuslaitos.

Korpilahti, P., Pihlaja, P. & Lindevall, P. 2022. Puheen, kielen ja kommunikoinnin kehityksen vaikeudet.

Lahdes, E. 1997. Peruskoulun uusi didaktiikka. Keuruu: Otava.

Lappalainen, A. & Nurmi, V. 1972. Kansalaistaito 3-4. WSOY.

Lee, A.M.I. 6 essential skills for reading comprehension. Understood. https://www.understood.org/en/articles/6-essential-skills-needed-for-reading-comprehension

Lewis, D. & Goodwin, B. 2021. Building the Implementation Bridge. Research Matters. Vol. 78. No. 8. https://ascd.org/el/articles/building-the-implementation-bridge

Lipkin, M. C. National Association for Media Literacy Education.

Lääkärikirja 1995. Kodin Suuri Lääkärikirja. 1995. Oy Valitut Palat. Printed in Italy.

Lääkärikirja 2006. Kodin Uusi Lääkärikirja. 2006. Oy Valitut Palat – Reader's Digest Ab. Painettu Ranskassa.

Mannerheimin lastensuojeluliitto. MLL.

Martat

Merikoski, H. & Pihlaja, P. 2022. Kielen ja
puheen tukeminen varhaiskasvatuksessa.
Teoksessa: Pihlaja, P. & Viitala, R. (toim.) 2022.
Varhaiserityiskasvatus. PS-Kustannus.

Metropolia ammattikorkeakoulu.
https://www.metropolia.fi/fi/opiskelu-
metropoliassa/maahanmuuttajille/suomen-kieli

Mieli ry.

Miller, P. A., Bernzweig, J., Eisenberg, N. &
Fabes R. A. 1991. The development and
socialization of prosocial behavior.
Teoksessa A. Hinde & J. Groebel (eds.)
Cooperation and prosocial behaviour.
Cambridge: University Press, 54-77.

Montgomery County Public Schools.
https://www.montgomeryschoolsmd.org/siteass
ets/district/curriculum/esol/cpd/module2/docs
/cummins.pdf

Naukkarinen, O. 2000. Estetiikan avaruus.
Miten ymmärtää estetiikka 2000-luvulla?
Aalto-yliopiston julkaisusarja TAIDE +
MUOTOILU + ARKKITEHTUURI 3/2018.
Aalto-yliopiston taiteiden ja suunnittelun
korkeakoulu, Aalto ARTS Books, Helsinki.

Neitola, M. 2011. Lapsen sosiaalisen

kompetenssin tukeminen – vanhempien epäsuorat ja suorat vaikutustavat. Turun yliopisto. Kasvatustieteiden tiedekunta. Turun yliopiston julkaisuja. Sarja C. Osa 342. New Mexico, U.S.A.

Ojanen, M., Anttila, R., Lähdesmäki, M., Oksala, E. & Paavilainen, P. 2004. Persoona. Persoonallisuuspsykologia. Edita, Helsinki.

Olweus, D. 1992. Kiusaaminen koulussa. Suom. M. Mäkelä. Keuruu: Otava.

Opetushallitus. OPH 2022. Varhaiskasvatussuunnitelman perusteet 2022. Määräykset ja ohjeet 2022: 2a. Opetushallitus.

Paasikiviopisto

Peda.net

Perusopetuksen opetussuunnitelma

Pihlaja, P. 2022. Ryhmä erilaisten lasten kasvun paikkana. Teoksessa: Pihlaja, P. & Viitala, R. (toim.) 2022. Varhaiserityiskasvatus. PS-Kustannus.

PISA 2022. Results (Volume I and II) – Country Notes: Finland. OECD Publications. https://www.oecd.org/en/publications/pisa-2022-results-volume-i-and-ii-country-notes_ed6fbcc5-en/finland_6991e849-en.html

Pulkkinen, L. 2002. Mukavaa yhdessä. Sosiaalinen alkupääoma ja lapsen sosiaalinen kehitys. Keuruu: Otava.

Really Great Reading, Tools for teaching reading.
https://www.reallygreatreading.com/scarboroughs-reading-rope

Ruohotie, P. 1998. Motivaatio, tahto ja oppiminen. 241 Helsinki: Edita.

Ruohotie, P. 2000. Conative constructs in learning. Teoksessa P. Pintrich & P. Ruohotie. Conative constructs and Self-Regulated Learning. Research Centre for Vocational Education. Saarijärvi: Saarijärven Offset, 1–30.

Sahlberg, P. 2004. Blog.
https://pasisahlberg.com/kesa-koulussa/

Scarborough, H. S. 2001. Connecting early language and literacy to later reading (dis)abilities: Evidence, theory, and practice. In S. Neuman & D. Dickinson (Eds.), Handbook for research in early literacy. New York: Guilford Press.

Smith, B. H. & Law, S. 2013. The Role of Social-Emotional Learning in Bullying Prevention Efforts. The College of Education and Human Ecology. The Ohio State

University.

Stevenson, H. W. 1991. The development of prosocial behavior in large-scale collective societes: China and Japan. Teoksessa A. Hinde & J. Groebel (eds.) Cooperation and prosocial behaviour. Cambridge: University Press, 89-105.

Suomen Vanhempainliitto

Taiteen perusopetus

Turkish American Association

Understood.

UNESCO. https://gaml.uis.unesco.org/wp-content/uploads/sites/2/2018/12/4.6.1_07_4.6-defining-literacy.pdf

Vella, S.-L. C. & Pai, N. B. 2019. A theoretical review of psychological resilience: Defining resilience and resilience research over the decades. Archives of Medicine & Health Sciences. Vol 7, Issue 3, 233–239.

Viitala, R. 2022. Inkluusio ja inklusiivinen varhaiskasvatus. Teoksessa: Pihlaja, P. & Viitala, R. (toim.) 2022. Varhaiserityiskasvatus. PS-Kustannus.

Viljonen, T. 1949. Käytännöllinen opetustaito. Gummerus.

Vlasov, J., Salminen, J., Repo, L., Karila, K., Kinnunen, S., Mattila, V., Nukarinen, T.,

Parrila, S. & Sulonen, H. 2018.
Varhaiskasvatuksen laadun arvioinnin
perusteet ja suositukset. Kansallinen
koulutuksen arviointikeskus, Karvi.
Julkaisut 24:2018. Juvenes Print – Suomen
Yliopistopaino Oy, Tampere.

Vygotsky, L. S. 1962. Thought and Language.
New York: John Wiley and Sons, Inc.

Vähäpassi, A. 1987. Tekstinymmärtäminen:
Tekstinymmärtämisen tasosta
suomalaisessa peruskoulussa.
Kasvatustieteiden tutkimuslaitoksen
julkaisusarja A. Tutkimuksia 10.
Jyväskylä.

Wiley, R. W. & Rapp, B. 2021. The Effects of
Handwriting Experience on Literacy
Learning. Psychological Science, vol. 32, 7:
pp. 1086-1103.

Willman, Arto. 2001. Yhteistyön ristiriitaiset
puhetavat.

YK. Lapsen oikeuksien julistus.

Lisäksi käytetty apuna tietosanakirjoja ja
Wikipediaa.

Liitteet

Liite 1. Hyvät tavat Suomessa, Suomen Vanhempainliitto ry. Suomeksi, ruotsiksi ja englanniksi.

Suomeksi:

1. Kunnioitus ja kuunteleminen on hyvän käytöksen lähtökohta. Lapsi omii käytösmallit vanhemmilta.
2. Kiitos, ole hyvä ja anteeksi. Pieniä, mutta merkityksellisiä sanoja.
3. Auttaminen. Kysy, tarvitseeko toinen apua. Lapset auttavat mielellään.
4. Tervehtiminen. Reippaus, hymy, kätteleminen, oman nimen kertominen.
5. Pöytätavat. Ruokaillessa keskustellaan ja nautitaan ruuasta. Käytetään ruokailuvälineitä oikein ja muistetaan sanat: saisinko ja antaisitko.
6. Omastaan jakaminen. Harjoittelemalla oppii jakamaan leluja toisten kanssa.

På svenska:

1. Att respektera och att lyssna är utgångspunkten för ett gott beteende. Barnet lär sig beteendemönstren av föräldrar.
2. Tack, varsågod och förlåt. Små men meningsfulla ord.
3. Att hjälpa. Fråga om den andra personen

behöver hjälp. Barn är glada över att hjälpa.

4. Hälsning. Raskhet, ett leende, skaka hand, presentera sig.
5. Bordsskick. Medan vi äter samtalar vi och njuter av maten. Låt oss använda bestick på rätt sätt och komma ihåg orden: kan jag få och kan du ge.
6. Dela med sig av sitt eget. Genom att öva lär barnet att dela leksaker med andra.

In English:

1. Respect and listening are the starting point of good behavior. The child learns the behavior patterns from the parents.
2. Thank you, please and excuse me. Small but meaningful words.
3. Helping. Ask if the other person needs help. Children are happy to help.
4. Greeting. Briskness, a smile, shaking hands, saying his own name.
5. Table manners. While eating, we discuss and enjoy the food. Let's use cutlery correctly and remember the words: may I and would you give.
6. Sharing. By practicing, a child learns to share toys with others.

Liite 2.

Näin autat Itämerta (Suora lainaus Helsingin kaupunki -lehdestä)

- Vie tarpeettoman lääkkeet apteekkiin, jotta ne eivät päädy maaperään, vesistöihin, mereen ja eliöihin.
- Opettele haitalliset kemikaalit varoitusmerkkeineen ja hävitä pakkaukset turvallisesti.
- Suosi ympäristöystävällisiä tuotteita.
- Ilmoita sinilevästä (vesi.fi/sinilevatilanne) ja haitallisista vieraslajeista (vieraslajit.fi).
- Älä roskaa. Kerää tiellesi osuvat roskat. Lainaa kirjastosta roskapihdit ja lähde keräämään roskia.
- Syö villikalaa, vältä lihaa: lihatuotteista tulee ravinnekuormaa, Itämeren villikalan syöminen poistaa merestä ravinteita.
- Älä päästä pesuaineita ja -vesiä suoraan vesistöön.
- Lomaile lähellä. Vaihda autoloma pyöräretkeen, sillä autoilu tuottaa mm. mikromuovia ja ilmansaasteita.
- Innosta Itämeren suojeluun läheisiäsi ja organisaatiotasi.

Lähteenä käytetty Itämerihaaste.fi-sivustoa

Liite 3. Kielitaidon taitotasokuvaukset (Helsingin yliopisto, avoin yliopisto)

Kuusiportainen asteikko perustuu eurooppalaiseen viitekehykseen (EVK) ja rinnastuu Yleisen kielitutkinnon taitotasoihin (YKI). Ks. myös OPH https://www.oph.fi/sites/default/files/docume nts/kielitaidon_tasojen_kuvausasteikko.pdf

Taso 1	Taso 2
Vastaavuus: EVK A1/YKI 1	Vastaavuus: EVK A2/YKI 2
PUHUMINEN	PUHUMINEN
Selviän yksinkertaisimmissa puhetilanteissa, joissa pitää kertoa itsestä ja välittömästä ympäristöstä. Puhe on kuitenkin hidasta ja katkonaista, ja ääntämisessäni on puutteita. KUUNTELEMINEN Kun puhutaan hitaasti ja selkeästi, ymmärrän sanoja ja ilmauksia, jotka koskevat minua tai minulle tuttuja ihmisiä ja asioita tai välitöntä ympäristöäni.	Selviän rutiininomaisissa tiedonvaihtotehtävissä; osaan kysyä yksinkertaisia kysymyksiä ja vastata sellaisiin. Hallitsen keskeisen itseeni, perheeseen ja asumiseen liittyvän perussanaston sekä osaan kertoa missä työskentelen ja mikä on ammattini. Ääntämiseni saattaa olla vielä puutteellista, ja sanavarastoni ei riitä kaikkiin tilanteisiin. KUUNTELEMINEN Ymmärrän ilmauksia ja sanoja minulle tutuista,

LUKEMINEN
Ymmärrän
yksinkertaiset lauseet
esim. ilmoituksista ja
lomakkeista. Pystyn
löytämään tietoa
yksinkertaisista
teksteistä.
KIRJOITTAMINEN
Osaan kirjoittaa
yksinkertaisia viestejä.
Osaan kirjoittaa
yksittäisiä ilmaisuja ja
hyvin lyhyitä lauseita
sekä täyttää
lomakkeisiin
henkilötietoni. Osaan
käyttää joitakin
peruskieliopin
rakenteita.

esim. perhettäni, ostosten
tekoa tai työpaikkaani
koskevista asioista.
Ymmärrän lyhyiden ja
selkeiden viestien
pääasiat. Pystyn yleensä
tunnistamaan
puheenaiheen hitaasti ja
selkeästi etenevästä
keskustelusta.
LUKEMINEN
Ymmärrän pääasiat
lyhyistä, helpoista
teksteistä. Löydän
tarvitsemani tiedot
jokapäiväisistä teksteistä,
kuten esitteistä ja
aikatauluista sekä
ymmärrän lyhyitä ja
yksinkertaisia kirjeitä
sekä sähköposteja, jos ne
käsittelevät tuttuja
aiheita.
KIRJOITTAMINEN
Osaan kirjoittaa lyhyitä
ja yksinkertaisia viestejä,
jotka liittyvät
jokapäiväisiin asioihin.
Osaan kuvailla
perhettäni, asumistani,
koulutustaustaani ja
nykyistä tai viimeisintä
työpaikkaani. Osaan
myös kuvailla menneitä

	tapahtumia. Pystyn kirjoittamaan yksinkertaisen kirjeen. Hallitsen kieliopin perusteet.
Taso 3 Vastaavuus: EVK B1/YKI 3 PUHUMINEN Selviän tavallisimmissa käytännön puhetilanteissa sekä työssä, että vapaa-aikana. Hallitsen jokapäiväisiin tilanteisiin liittyvän sanaston mielestäni vähintään kohtalaisesti. KUUNTELEMINEN Ymmärrän selkeän yleiskielisen puheen pääasiat, jos puhe käsittelee minulle tuttuja seikkoja. Ymmärrän myös TV-ohjelmista pääasiat, jos ohjelmissa käsitellään minulle tuttuja asioita ja jos puhe on suhteellisen hidasta ja selkeää. Normaalitempoinen puhe saattaa tuottaa vaikeuksia, jos	**Taso 4** Vastaavuus: EVK B2/YKI 4 PUHUMINEN Selviän käytännön puhetilanteissa sekä työssä, että vapaa-aikana hyvin ja melko hyvin myös vieraammissa puhetilanteissa. Osaan esittää ajatuksiani yhtenäisinä kokonaisuuksina ja perustella näkökantojani. Osaan tehdä eron virallisen ja epävirallisen kielimuodon välillä. Hallitsen perussanaston hyvin. KUUNTELEMINEN Ymmärrän pitkiä puheita, luentoja ja monimutkaisia väittämiä ja niiden perusteluja, jos aihe on suhteellisen tuttu. Ymmärrän useimmat televisiouutiset ja

puhejakso on pitkä ja aihepiiri vieras.

LUKEMINEN

Pystyn lukemaan tekstejä, joissa käytetään jokapäiväistä tai työhön liittyvää kieltä ja jotka eivät vaadi aiheen syvempää tuntemusta. Tunnistan tekstistä pääasiat ja väittämät.

KIRJOITTAMINEN

Osaan kirjoittaa yksinkertaisia tekstejä tutuista aiheista sekä vastata lyhyesti tiedusteluihin. Osaan kuvata kokemuksia ja vaikutelmia henkilökohtaisissa kirjeissä. Hallitsen peruskieliopin keskeiset rakenteet.

ajankohtaisohjelmat, joitakin yksityiskohtia saattaa jäädä ymmärtämättä. Nopea puhekieli ja murteellinen puhe tuottavat vielä vaikeuksia.

LUKEMINEN

Pystyn lukemaan vaivatta yleisiä aihepiirejä käsitteleviä tekstejä, joskin jotkut vivahteet voivat jäädä epäselviksi. Pystyn hakemaan tietoa sekä saan selville ajatuksia ja mielipiteitä omaan alaani erikoistuneista lähteistä. Pystyn lukemaan myös oman aikamme kaunokirjallisuutta.

KIRJOITTAMINEN

Osaan kirjoittaa selkeästi ja yksityiskohtaisesti tutuista aiheista ja esittää ajatuksiani yhtenäisinä kokonaisuuksina. Osaan kirjoittaa esseen tai raportin, kertoa asioista ja esittää näkökohtia jonkin asian puolesta tai sitä vastaan. Hallitsen peruskieliopin hyvin ja osaan tehdä eron

	virallisen ja epävirallisen kielimuodon välillä.
Taso 5 Vastaavuus: EVK C1/YKI 5 PUHUMINEN Puhun selkeästi ja sujuvasti erilaisista aiheista erilaisissa tilanteissa. Pystyn myös pitämään esitelmän etukäteen valmistelemastani aiheesta melko vaivatta. Hallitsen kielen rakenteet ja sanaston hyvin. KUUNTELEMINEN Pystyn suhteellisen helposti seuraamaan keskusteluja, väittelyjä ja luentoja. Ymmärrän puhuttua kieltä, vaikka se ei olisikaan rakenteeltaan selkeää ja vaikka ajatuksia ei ilmaistaisikaan suoraan. Ymmärrän televisio-ohjelmat ja elokuvat suurimmitta vaikeuksitta. LUKEMINEN Pystyn lukemaan	**Taso 6** Vastaavuus: EVK C2/YKI 6 PUHUMINEN Puhun erittäin sujuvasti ja tilanteeseen sopivalla tyylillä, pystyn ilmaisemaan hienojakin merkitysvivahteita. Kieliopin ja sanaston hallinta on varmaa lähes kaikissa tilanteissa. KUUNTELEMINEN Ymmärrän vaikeuksitta puhetta sekä kasvokkain että televisiosta tai radiosta. Ymmärrän syntyperäisen puhujan nopeaakin puhetta, jos minulla on ollut aikaa tottua puhetapaan. LUKEMINEN Luen vaikeuksitta kaikenlaisia tekstejä. KIRJOITTAMINEN Osaan kirjoittaa selkeästi, sujuvasti ja tyylillisesti oikein. Osaan kirjoittaa kirjeet, raportit ja artikkelit niin, että lukija voi helposti löytää

rakenteellisesti ja sanastollisesti vaikeitakin tekstejä ja oman aikamme kaunokirjallisuutta. Ymmärrän artikkeleissa, raporteissa ja teknisissä ohjeissa erikoisalojen kieltä, vaikka ala ei olisikaan minulle tuttu.

KIRJOITTAMINEN

Osaan kirjoittaa selkeän ja hyvin rakennetun tekstin ja ilmaista itseäni melko laajasti. Osaan käsitellä monimutkaisempiakin aiheita kirjeissä, raporteissa ja artikkeleissa ja tuoda esille mielestäni tärkeimpiä kohtia. Osaan kirjoittaa erilaisia tekstejä vakuuttavasti, omalla tyylilläni ja lukijalle sopivasti. Hallitsen kieliopin ja sanaston yleensä hyvin ja monipuolisesti, mutta harvinaisten sanojen ja vaikeiden lauserakenteiden käyttö saattaa kuitenkin tuottaa ongelmia.

tärkeät kohdat. Osaan kirjoittaa tiivistelmiä ja arvioita ammattiini liittyvistä teksteistä.

Liite 4. Miten annan ja vastaanotan palautetta?

Hyvä palaute on rehellistä, avointa ja rakentavaa. Pohdi, oletko riittävän pätevä antamaan palautetta.

Miten annan palautetta?

1. Pyri rakentamaan sopiva ilmapiiri palautteen antamiselle. Voit aloittaa seuraavilla kysymyksillä: Miltä sinusta tuntuu? Miten onnistuit omasta mielestäsi? Pääsitkö tavoitteeseesi? Mikä meni hyvin? Mikä ei ihan vielä onnistunut?

2. Palautteen tulee olla kuvailevaa, ei tuomitsevaa. Osoita, että arvostat toisen osaamista.

3. Kohdista palaute asiaan, joka on muutettavissa. Vältä puuttumasta kohteen persoonallisuuteen.

4. Anna palaute välittömästi tai niin pian kuin mahdollista.

5. Perusongelma on, että myönteisestä palautteesta on jatkuva puute. Anna siis palautteesi myönteisesti, mutta muista, että monet kaipaavat myös korjaavaa palautetta.

6. Anna mieluiten täsmällistä palautetta tietystä asian kohdasta. Tällöin valmistaudu siihen, että vastaanottajalla on oikeus reagoida saamaansa palautteeseen välittömästi, joten pohdi palautteesi perusteluja. Epätarkka ja epäoikeudenmukainen kritiikki johtaa helposti selittelyihin.

7. Jokainen palautteen antaja on erilainen. Kannattaa pyrkiä täsmälliseen ja tarkkaan palautteeseen.

8. Mikäli annat moitteita, asiaan on hyvä palata myöhemmin.

9. Mitkä ovat oppijan lähtötaso ja tavoitteet? Pyri innostamaan palautteen saaja tiedostamaan omia vahvuuksiaan ja kehittämistarpeitaan – itsearviointia.

10. Viljele näitä: Kiitos…, Onnistuit erityisen hyvin…, Vahvuuksiasi ovat …, Jatkossa voit keskittyä…, Erityistä huomiota voisit kiinnittää…

11. Esimerkkejä hyvästä palautteen antamistavasta:

Ei näin: Olet tehnyt tämän asian taas väärin.

Vaan näin: Tässä asiassa näyttää olevan virhe.

Ei näin: Miksi et pannut kirjaa paikalleen. Mehän olemme sopineet tästä käytännöstä.

Vaan näin: Kirja ei ollut paikallaan, kun tarvitsin sitä. Meillähän on tästä sovittu käytäntö.

Palautteen antamisen jälkeen kukaan ei saisi tuntea itseään paremmaksi tai huonommaksi. Jos ihminen on huonolla tuulella tai hänellä on heikko itseluottamus, hän saattaa syyllistyä, vaikka palautteen antaja esittäisi asian miten taitavasti tahansa.

Miten vastaanotan palautetta?

Ilmapiiri tulee olla palautteen vastaanottamiselle suotuisa, sillä tilanne on usein emotionaalisesti herkkä ja tunteet nousevat helposti pintaan.

1. Keskity kuuntelemaan palautteen antajan viestejä tarkasti.

2. Jokainen palautteen vastaanottaja on erilainen. Joku voi vain kuunnella, toinen voi olla tyytymätön ja kolmas voi kommentoida. Joku haluaa, että hänelle puhutaan suoraan ja toinen kaipaa lempeää puhetta. Voit miettiä, oletko muiden ohjattavissa vai itsenäinen ajattelija. Kerro siis palautteen antajalle, millaista palautetta haluat.

3. Mikäli saat moitteita, niihin ei kannata reagoida välittömästi. Itsehillintää vaaditaan, sillä palautteen perusteella ei kannata ryhtyä selittelemään tai puolustautumaan. Mieti asiaa kaikessa rauhassa – mikäli asia jää vaivaamaan, palaa siihen ja keskustele asia loppuun.

4. Pyri ajattelemaan itse ja käytä itsearviointia.

Mallilauseita lukemisesta annettavaan palautteeseen

Olipa mielenkiintoista kuunnella noin jännittävää tarinaa!

Etenit rauhallisesti ja luit sanat selkeästi, vaikka tekstissä oli vaikeita sanoja.

Et enää "hätääntynyt" vaikeista sanoista, vaan etenit rauhallisesti äänne kerrallaan.

Lukemisesi etenee varsin mallikkaasti, muistathan lukea joka päivä.

Luit lauseen kerrallaan keskittyen ja ajatellen.

Olitko itse tyytyväinen lukemaasi? Olisitko voinut jossain kohtaa lukea paremmin?

Lukemisesi oli alussa kangertelevaa, mutta paransit loppua kohden.

Kirjoitan tähän vaikealukuiset sanat. On tärkeää, että toistat niitä niin kauan, että osaat sanoa ne sujuvasti. Muistathan suhtautua harjoitteluun myönteisesti.

Selvästi kuulin, että lukuvarmuus on lisääntynyt.

Olipa kiva lukupäivä taas tänään!

Lue seuraavat lauseet ja virkkeet kotona ääneen: ...

Ymmärsitkö kaikki sanat? Ellet ymmärtänyt, voit aina kysyä. Autan mielelläni.

Kysy aina, ellet ymmärrä jotain sanaa tai sanontaa.

Tässä lista takkuilleista sanoista: ...

Sujuva lukutaitosi kehittyy ja tänään kuulin selvästi, että harjoittelu kannattaa.

Kun jaksat joka päivä lukea ääneen, huomaat jossain vaiheessa, että lukeminen on hauskaa.

Joka päivä voi oppia paljon uusia asioita.

Onkin jännittävää kuulla, mitä kirjassa tapahtuu seuraavaksi.

Miten tekstiin olikin osunut noin vaikeita sanoja.

Ilahduta tänään kotiväkeä lukemalla heille ääneen seuraavat lauseet: ...

Tänään luit neljä minuuttia, huomenna...

Selkeästi kuulee, että luet aamupäivisin paremmin. Se johtuu siitä, että aivot ovat levänneet yöunen aikana ja pystyt nyt paremmin kehittämään lukemisen sujuvuutta.

Olipa virkistävää kuulla, miten ...

Osasit käyttää ääntäsi luontevasti …

Osasit jopa viheltää …

Kun luet jo sujuvammin, sinun on helpompi seurata tarinan juonta ja ymmärtää lukemaasi.

Usko tai älä, mutta olet lähellä sitä vaihetta, jolloin lukeminen muuttuu mieluisaksi.

Luit sujuvasti, vaikka tekstissä oli niin vaikeita sanoja, että itsekin takeltelin.

Sait minut nauramaan siinä kohdassa, jossa …

Kannattaa lukea ääneen joka päivä, sillä lukemisesi muuttuu koko ajan sujuvammaksi.

Rytmität lukemista hyvin. Pisteen jälkeen voi pitää pienen tauon.

Käytit ääntäsi ilmeikkäästi. Olipa vaikea sana tuo …

Lukemistasi oli miellyttävä kuunnella.

Ihan nauroin, kun kuuntelin, miten luit vuoropuhelua.

Äänesi kuulosti pirteältä ja selvisit hienosti vaikeista sanoista kuten …

Yhdestä sanasta en saanut selvää.

Lukusuoritustasi heikensi tänään äänestäsi kuulunut väsymys. Mihin aikaan menit illalla nukkumaan?

Olipa taas hauska tarina ja oli mukava kuunnella, miten elävöitit lukemista käyttämällä äänenpainoja.

Olipa hauska ja ajankohtainen tarina!

Luit melko sujuvasti. Paranee, paranee!

Arvioi itse lukemaasi asteikolla 1-4. 1=huono, 2=kohtalainen, 3=hyvä, 4=erinomainen.

Sain kuulla niin hauskan sanan, että vieläkin naurattaa.

Harjoittelu tuottaa tulosta.

Niin tykkäsin kuunnella ja tulisin iloiseksi, jos lukisit minulle sadun.

Äänestäsi kuulee, että tykkäät lukea.

Oletko koskaan ajatellut ...

Välillä on hyvä lukea tietotekstin ohella jotain kevyempää tekstiä.

Kaunokirjallisuuden lukeminen tietokirjallisuuden ohella kasvattaa sanavarastoa.

Sanavarastosi on kasvanut ja puhetaitosi on kehittynyt.

Selvisit hienosti tosi vaikeasta tekstistä.

Muistatko hyvin lukemasi?

Lukusujuvuus on parantunut. Harjoitus tekee mestarin!

Oli vaikeita sanoja, joiden ääntämisen itse korjasit.

Äänestäsi kuuli, että olit innostunut aiheesta.

Oli vaikeita ja pitkiä sanoja, jotka osasit itse korjata.

Olit arvioinut kirjan 3/5. Se selittää, miksi innostuksesi lukea oli toisinaan vähäistä.

Luku-urakka on tältä päivältä ohi, mukavaa loppupäivää. Huomenna taas!

Mallilauseita kirjoitetun tarinan sisällöstä tai kirja-arviosta annettavaan palautteeseen

Alku oli mukaansatempaava, lennokas, rauhallinen...

Henkilöt olivat kiinnostavia ja kerroit heistä elävästi. Jatkossa voisit kirjoittaa vielä enemmän, mitä päähenkilö ja sivuhenkilöt ajattelevat, miten he pärjäävät keskenään, millaisia luonteenpiirteitä heissä on...

Keksit hyviä tapahtumapaikkoja ja kuvailit niitä tarkasti. Jatkossa voisit pyrkiä kuvaamaan vielä tarkemmin. Voisit kuvailla pientä yksityiskohtaa niin tarkasti kuin osaat.

Juoni oli mielenkiintoinen ja selkeä. Draaman kaari on hyvä suunnitella ennalta: alku, keskivaihe, huippukohta, lopetus. Olisitko voinut kirjoittaa huippukohdasta vielä tarkemmin?

Olisitko halunnut ottaa yhden ... kämmenellesi ja tutkia tarkemmin? Miten olisit kuvaillut sitä?

Käytit vaihtelevaa sanastoa. Voisit tutustua substantiivien, adjektiivien ja verbien synonyymeihin ja käyttää jatkossa vielä vaihtelevampaa sanastoa.

Tarinan loppu oli onnistunut ja yllättävä. Mitä päähenkilölle tapahtuu tarinan jatko-osassa?

Tarinan kirjoittajan omat kommentit:

Arvioit kirjan hyväksi ja perustelit mielipiteesi. Osasit ennakoida, mitä tarinassa tapahtuu seuraavaksi ja se on luetun ymmärtämisen kehittymisen merkki, olen ylpeä edistymisestäsi.

Muistathan pyrkiä aina kirjoittamaan pidempiä tekstejä.

Mallilauseita kirjoitetun tarinan oikeinkirjoituksesta ja käsialasta annettavaan palautteeseen

Kirjoituksessasi kappalejako oli hyvä. Olit jakanut tekstin kolmeen kappaleeseen ja jako oli selkeä. Olit suunnitellut kappalejaon ennalta paperille, hyvä!

Kirjoituksessasi osasit useimmiten kirjoittaa virkkeet ja lauseet selkeiksi kokonaisuuksiksi. Muistit, että lause ja virke alkaa isolla alkukirjaimella, ja että erisnimet kirjoitetaan isolla sekä yleisnimet pienellä alkukirjaimella. Muistit, että virkkeessä lauseet erotetaan pilkulla, ja että lauseet ja virkkeet päättyvät pisteeseen.

Osasit kirjoittaa sanoja oikein. Löysin kirjoituksestasi esim. viisi virhettä, ne löytyvät riveiltä... Etsi virheet ja kirjoita teksti uudestaan. Muistathan, että yhdyssanat muodostuvat kahdesta tai useammasta sanasta, jotka muodostavat tietyn asian. Yhdyssanat kirjoitetaan yhteen. Mikäli yhdyssanan alkuosa päättyy ja jälkiosa alkaa samalla vokaalilla, sanojen väliin laitetaan lyhyt viiva eli yhdysmerkki. Yhdysmerkkiä käytetään, kun yhdyssanan alkuosa on numero tai kirjain.

Löydätkö itse virheet kirjoituksestasi? Niitä on yhteensä ... kappaletta.

Käsialasi oli selkeää ja siitä sai hyvin selvää. Muistathan kerrata vuorosanaviivan ja lainausmerkkien käytön. Jatkossa kiinnitä erityistä huomiota ...

Lähteet:

Aalto, Mikko, kehitysjohtaja, Milestone Oy. TEK – tekniikan akateemiset 6/2005

HELPPO-kesäkoulussa annettuja palautteita sekä opetustyöstä tuttuja ajatuksia.

Karl-Magnus Spiik Ky

Opetushallitus, Taiteen perusopetus

Willman, Arto (2001), Yhteistyön ristiriitaiset puhetavat. Sis. Sharanin (1996) ajatuksia palautteen antamisesta.

Mukana on myös kirjan kirjoittajan ajatuksia ja kokemuksia.

Liite 5. HELPPO-kesäkoulumalliluonnos viikoittaisine teemoineen

Lyhenteet: L = lukeminen ja kuunteleminen
KIRJ = kirjallisuus
R = reflektio
K = kirjoittaminen
KO = kielioppi

toukokuu   kesäkuu

	Kesäkuun 1. vk L, KIRJ, R, K, KO LUONTO JA LUONNONSUOJELU, ELOTON JA ELÄVÄ LUONTO, LUONNOSSA LIIKKUMINEN JA TURVALLISUUS, OMA TOIMINTA LUONNON MONIMUOTOISUUDE N SÄILYTTÄMISEKSI
	Kesäkuun 2. vk L, KIRJ, R, K, KO MAANTIEDE, MATEMATIIKKA, KÄYTTÄYTYMINEN IHMISTEN KESKEN JA LIIKENTEESSÄ

Toukokuun 3. vk kesäkoulu alkaa, ks. ohjeet. L, KIRJ, R SUOMI, SUOMEN KIELEN JA SUOMALAISEN KULTTUURIN ERITYISPIIRTEITÄ, KIRJASTON KÄYTTÖ	Kesäkuun 3. vk L, KIRJ, R, K, KO HISTORIA, TIETOTEKNIIKKA
Toukokuun 4. vk L, KIRJ, R PIIRTÄMINEN, KÄSITYÖ JA ASKARTELU, LIIKUNTA, TERVEYS JA TURVALLISUUS, YMPÄRISTÖN VAAROJA	Kesäkuun 4. vk L, KIRJ, R, K, KO TEKOÄLY, LEIKIT Kesäkoulu päättyy. Yhteinen retki tms. Osallistumistodistus

Liite 6. Käsiteltyjen teemojen sisällöt

Lukeminen ja kuunteleminen
- Kirjaan tutustutaan katsomalla kantta ja lukemalla takakannen teksti.
- Lukeminen on kuin narun punomista (Scarborough 2001).
- tietokirjallisuus ja kaunokirjallisuus
- ääneen lukeminen ja mielessä lukeminen
- lukemisen rytmi
- ikiomasta kirjasta voi alleviivata vaikeita sanoja, muuten ne pitää kirjoittaa paperille
- uutiset esim. salamaniskuista, tunteiden hallinnasta, HS-Lasten tiedekysymykset
- äänikirjat, kirjastosta, löytyy myös YouTubesta, mm. Miina ja Manu
- luettujen kirjojen arvioinnit
- hauskat sanat, mitkä sanat naurattavat?
- Miksi lukeminen on tärkeää? Kuvaile, millaista on lukea suomen kielellä.

Kirjoittaminen
on puheen ja ajatuksen
muistiinmerkitsemistä. Kirjoitus säilyy, mutta
puheessa kuultua ei ole helppo tarkalleen
muistaa.
- älä unohda käsin kirjoittamisen tärkeyttä
- vuorovaikutteisuus viestien kirjoittamisessa
- Kirjallisissa tehtävissä pyritään aina pidempiin vastauksiin kuvailemalla pää- ja sivuhenkilöitä,

121

tapahtumapaikkaa, kirjan kantta, tekstin tyyliä
ja luetun tarinan kohokohtaa jne.
- Voi aloittaa: Mielestäni…, Olen sitä mieltä,
että… tai Ajattelen, että…
- Apukysymyksiä: Miten kuvailisit…? Millaisia
ne olivat? Olisitko halunnut ottaa niitä
kämmenelle? Mitä ajattelet? Mitä ajattelet
asiasta kokonaisuutena? Keitä tähtiesiintyjiä
ihailet? Miksi? Mikä on mielestäsi kaikkein
mukavinta?
- runot. Niitä voi kirjoittaa lahjaksi ja ne ovat
nopeita lukea. Voi alkaa miettiä jotain sanaa ja
keksiä, mitä kaikkea se tuo mieleen.
- päiväkirjan kirjoittaminen
- Lukemisen jälkeen kirjoitetaan luetusta
pääkohdat paperille.

Suomen kielen kielioppia, oikeakielisyys
- suomen kielessä on Ä, Ö ja Y, täytyy, pöytä,
löytyi, syödä, röykkiö
- sanat, lauseet, virkkeet
- lauseessa on aina yksi ajatus, mieti sitä.
- yleisnimet ja erisnimet. Yleisnimet kirjoitetaan
pienellä, juhlapäivät, kukkien ja eläinten nimet.
Erisnimet kirjoitetaan isolla alkukirjaimella,
maanosat, maat, maakunnat, kaupungit, kunnat
ja kylät
- erisnimi tai numero ja yleisnimi yhdessä
erotetaan väliviivalla
- yhdyssanat. Mikäli alku- ja loppuosa alkaa
samalla kirjaimella, väliin tulee

yhdysmerkki tai -viiva, jyvä-ämpäri, kuorma-
auto jne.
- aktiivi ja passiivi
- persoonapronominit: minä, sinä, hän, me, te,
he
- sanaluokat: substantiivit, adjektiivit, verbit,
pronominit ja partikkelit
- verbin perusmuoto löytyy, kun kysyy, mitä
tehdä? Vastaus: puhua, sanoa, tehdä,
jne.
- aikamuodot: nykyhetki ja menneet tapahtumat
imperfekti, perfekti ja pluskvamperfekti
- Päälause erotetaan sivulauseesta pilkulla, kun
sivulause alkaa: että, jotta, koska, kun, jos,
vaikka
- lyhenteet: po.= pitää olla, jne.= ja niin edelleen,
tms.= tai muu sellainen

Kirjallisuus
- Z. Topelius, 1947, Lukemista lapsille. WSOY
- Anni Polva 1900-luvun alussa, Tiina-kirjat.
Karisto
- Tammen keltaisen kirjaston kirjat
- Neropatin päiväkirja, englanniksi ja suomeksi
- Eppu Nuotio: Villilän viheltäjät. Tammi
- Teemu Saarinen: Unskin banaanipotku. Otava
- Oma Helsinki -kirjani, Helsingin historian,
arkkitehtuurin ja kulttuuriympäristöjen
käsikirja lapsille. Helsingin kaupunginmuseo.
- Mestarietsivä Peppunen. Otava

- Suositeltiin satujen lukemista sanavaraston kartuttamiseksi. Saduissa vain mielikuvitus on rajana, sillä henkilöt voivat olla mitä tahansa, vaikkapa puhuvia esineitä. Sadun tapahtumat ovat yleensä tapahtuneet jo kauan sitten. Satu alkaa: Olipa kerran... ja päättyy: Se pituinen se.
- Miina ja Manu -kirjat, myös äänikirjoina. Satukustannus.
- Ensimmäisen salapoliisikertomuksen kirjoitti Edgar Allan Poe, v. 1841, Rue Morguen murhat.
- Aku Ankan tekstit tarkistetaan asiantuntijoiden toimesta.
- Kirjaston kirjalistat ja lukudiplomit, kirjasampo.fi

Kielet
- Kielet jakautuvat kieliryhmiin. Suomi kuuluu itämerensuomalaisten kielten ryhmään. Suuria ryhmiä ovat romaaniset ja germaaniset kieliryhmät.
- Suomen kieli on ollut erilaista 1800-luvulla eli kieli kehittyy.
- Jos käyttää vierasperäisiä sanoja, pitää olla tarkkana niiden merkityksestä, esim. protesti tai proteesi.
- urbaanit legendat
- uskomukset
- Kännykkäohjelmat, esim. Duolingo, Kahoot.

Käsitteitä ja sanontoja
- Onni onnettomuudessa.

- Euroopan ja Suomen pääkaupunkeja ja lippuja
- Harjoitus tekee mestarin.
- Suomi on tuhansien järvien maa.
- Lupaukset on pidettävä.
- Se on kaiken vaivan arvoista.
- Mitä tarkoittaa maankamara? Mikä on ikiliikkuja?
- Selittää ummet ja lammet.
- Asennoidu lukemiseen ajattelemalla: Lukeminen on kivaa!
- urheilusanastoa: koutsi, sankari, ammattilaisurheilija,
- Matkailu avartaa.
- Parhaansa kun yrittää, se riittää, vai riittääkö?
- Antaa armon käydä oikeudesta.
- Dilemma tarkoittaa ongelmaa, johon on vähintään kaksi vastausta.

Suomi
- yli 10000 v. sitten jään peitossa. Oli jääkausi. Kun ilmasto alkoi lämmetä, jää suli vähitellen ja muokkasi maapohjaa. Syntyi vesistöjä, siirtolohkareita ja hiidenkirnuja.
- maantiede, ympäröivät meret ja valtiot
- kasvillisuustyypit
- Pohjois-Suomessa on Lappi
- 1900-luvulla Suomea koettelivat sisällissota (1918) ja sodat (talvisota 1939–1940, jatkosota 1941–1944 ja Lapin sota 1944–1945). Miehet olivat rintamalla puolustamassa kotejaan ja kotimaataan, naiset toimivat lottina rintamalla

tai ns. kotirintamalla leipoen, ommellen,
viljellen osallistuen Lotta Svärd -yhdistyksen
toimintaan. Yhteiskunta on mennyt koko ajan
kohti parempaa. Suomi teollistui ja maatalous
koneellistui. Elintaso nousi. Maaseudulta
jouduttiin muuttamaan työn perässä
kaupunkeihin ja jopa ulkomaille Amerikkaan ja
myöhemmin vuosisadan loppupuolella
Ruotsiin.
- kansalliseepos Kalevala 1849 ja Akseli Gallen-
Kallelan (1865–1931) maalaukset
- kansallissymbolit: Suomen lippu,
kansalliseläin, -laulu, -kukka, -kala, -kivi, -
soitin, -lintu ja -eepos. sanaristikkoon
- Juhannus on keskikesän juhla. Wikipedia:
"Touko-heinäkuun aikana Lapin yllä paistaa
aurinko, joka ei laske ollenkaan yli kahteen
kuukauteen. Tämä ainutlaatuinen
luonnonilmiö, keskiyön aurinko, tarkoittaa sitä,
että aurinko pysyy horisontin yläpuolella koko
vuorokauden."
- Minä päivinä liputetaan eli nostetaan suomen
lippu salkoon?
- Kesäpäivänseisaus, päivä on pisimmillään
- Suomen kartta
- Suomi on jaettu maakuntiin. Uusimaan
maakuntalaulun sanat ja kuuntelu.
- suomalaisille erilaiset luontokokemukset ovat
tärkeitä, elollisen ja elottoman luonnon
tarkkailu, sään seuraaminen, terveellisen ruuan

kerääminen, kuntoilu ja riittävä yöuni osana
kokonaisvaltaista hyvinvointia
- Suomalainen ruokakulttuuri, sämpylöiden
leipominen, jäätelön tekeminen itse, kanttarellin
valmistus ja marjojen säilytys
- suomalaisia sanotaan urheilukansaksi, täällä
tykätään ralliautoilusta, yksilö- ja
joukkueurheilusta ja golfista. Golfin pelaajat
keskittyvät omiin vahvuuksiinsa ja
kiinnostuksen kohteisiinsa, eivätkä vertaa
itseään muihin. Heillä pitää myös olla kyky
unohtaa huono suoritus ja keskittyä uuteen
suoritukseen. Pelatessa on noudatettava tarkasti
sääntöjä ja käyttäydyttävä kohteliaasti.
- taikauskoa, esim. neliapilan löytäminen tuo
onnea, musta kissa, tikapuut jne.
- tukkimiehen kirjanpito
- tavallinen arkiruoka
- vierailut museoissa, patsaat
- aiemmin luontoa pidettiin itsestäänselvyytenä,
nyt luontolajien köyhtyminen on tiedostettu
- Helsinki on pääkaupunki. Se sijaitsee Itämeren
rannalla. Itämeressä on kaksi lahtea,
Suomenlahti etelässä ja Pohjanlahti lännessä.
Itämeren suolapitoisuus on alhainen, eikä se ole
kovin syvä.
- Helsingin kaupungin antamat ohjeet meren
rannan asukkaille, ks. liite 2.
- Suomesta voi matkustaa muihin maihin
laivalla, lentokoneella, junalla tai autolla.
Matkustaminen avartaa käsitystä muusta

maailmasta eli saa tietoa muista maista ja erilaisista paikoista, voi päästä eroon ennakkoluuloista ja voi ehkä opettaa paikalliselle väestölle jotain omasta kulttuurista.
- liikenne, terveys, ympäristön vaarat ja turvallisuus – kaikkea ei ehditty käsitellä

Reflektio
- olla rehellinen omassa arvioinnissa
- Lukeminen: asteikko 1–4, 4 erinomainen, 3 hyvä, 2 kohtalainen, 1 huono
- Kirja-arviointi: asteikko 1–5. Kirjoita kirjailijan nimi, kirjan nimi, arvioi kirja, perustele mielipiteesi.
- Kesäkoulun lopuksi laaja reflektio: Arvioidaan asteikolla 1–5 osaaminen, aktiivisuus, neuvojen noudattaminen, harjoitusten tekemisen säännöllisyys ja keskustelut perheessä. Kirjoitetaan aloittaen: Kesäkoulu oli mielestäni...

Käyttäytyminen
- Yhteistyö on miellyttävää, kun puolin ja toisin kannustetaan ja kiitetään saadusta tuesta. Kirjoitetaan toivotuksia, esim. hyvää juhannusta. Lähetetään emojia. Opitaan, että erilaisia merkkejä voidaan tulkita eri kulttuureissa eri tavoin.
- Lupaukset on pidettävä! Ellei pysty pitämään, kannattaa selittää miksi.

- Small talk -aiheita: Millaista säätä on luvattu?
Mikä on kesällä hauskinta? Mitä aiot tehdä
tänään? Kuinka monta tuntia nukuit? Mitä unta
näit? Mihin aikaan menit nukkumaan illalla?
Mihin aikaan heräsit?
- Oppiminen on työtä, työtä ja työtä!
- Flow-tila työskennellessä
- vieraiden kanssa seurusteleminen
- koulun päättäjäiset, keskusteleminen
todistusnumeroista
- ei anneta toisen odottaa turhaan
- oman ajankäytön suunnittelu
- pidetään lupaukset
- omista tavaroista huolehtiminen
- mitä tehdään, jos jokin asia häviää
- opitaan, miten hyvä olo tulee, kun sovitut
tehtävät on tehty
- totuuden kertominen omille vanhemmille,
pitää olla itselleen rehellinen
- Suomen kieltä kannattaa opetella puhumaan,
lukemaan ja kirjoittamaan hyvin. Taito
mahdollistaa jatko-opintoihin pääsyn. On
vaatimuksia todistusnumeroiden keskiarvolle.
- Ei kannata kuunnella heitä, jotka sanovat, ettei
suomen kieltä kannata opiskella.
- Asioiminen puhelimitse ja paikan päällä.
- Epämiellyttävien tunteiden sietäminen
- Keskustellaan esim. prof. Haidtin ajatuksista.
Kuinka paljon olet kännykässä? Pelaatko,
katseletko videoita vai mitä?

- Tutustutaan Helsingin kaupungin malliin puhelimien käytöstä oppitunneilla elokuusta 2024 alkaen.
- hätänumero 112
- ks. liite 1

Historia
- Esihistorian ajan luolamaalaukset
- Esihistoria ja historia
- Alankomaiden tunnetut taitelijat mm. Rubens, Rembradt ja Vermeer.
- Kerrotaan, että Yhdysvalloissa, Tanskassa ja Ruotsissa on tapana viedä omena opettajalle ensimmäisenä koulupäivänä. Näin varmistetaan lukuvuoden koulumenestys ja aiemmin tuettiin opettajien niukkaa elantoa. Omenaa pidetään tiedon ja vallan symbolina eli tiedon kautta voisi saada valtaa ja vastuuta. Omena liittyy Raamatun tarinaan Aatamista ja Eevasta.
- Walt Disney (1901–1966) loi Aku Ankan. Hän keksi lisätä äänet piirrettyyn elokuvaan. Vuonna 1928 hän luki äänet elokuvaan Höyrylaiva Ville.
- Carl Barks loi Aku Ankkaan Pelle pelottoman ja Pikku apulaisen hahmot.
- retket museoihin

Maantiede
- Vanhat kartat: jurakausi n. 200–145 mvs, liitukausi n. 145–65 mvs, tertiäärikausi 65-2 mvs

- Euroopan maita, pääkaupunkeja ja lippuja
- Benelux-maat eli Belgia, Luxemburg ja Alankomaat
- Kulkeminen Eurooppaan eri kulkuvälineillä. Laivamatkat.

Luonto (ympäristö- ja luonnontieto)
- elollinen ja eloton luonto, tietokirjat, kasvikirjat
- ihminen, sydän lyö, puhutaan pulssista. Sitä voidaan mitata.
- yleisimmät puut ja kasvit, valokuvaus (kuusi, mänty, kataja, vaahtera, tammi, tuomi, pihlaja, sireenipensas, kukat: voikukka, valkovuokko, sinivuokko, ahomansikka, mustikka, puolukka, lemmikki, juhannusruusu, sienistä keltavahvero eli kanttarelli ja myös suppilovahvero. Kanttarelli elää symbioosissa koivujen kanssa, joten niitä kannattaa etsiä koivujen läheltä.
- luonnon äänien kuunteleminen, lintujen laulut
- luonnon seuraaminen, lajien köyhtyminen, lintujen laulun väheneminen
- Carl von Linne, ruotsalainen luonnontieteilijä laati kasviluokituksen 1700-luvulla
- yhteyttäminen
- kasvin osat
- kasvikirja mukaan ulos tunnistamista varten, kasvien kerääminen ja kuvaaminen
- ravintoaineita luonnosta: mustikat, mansikat, sienet.
- luonnon ihmeitä: kiiltomadot,

- ilmastonmuutos, käytännöllisiä tekoja sen estämiseksi, esim. joukkoliikenteen käyttö, roskien lajitteleminen jne.

Luonto aineina(kemia)

- Mistä aineista ihminen koostuu? Eniten on vettä eli H_2O, hiiltä noin 20 % ?
- elollisen luonnon alkuaine on hiili eli C
- vesipula Euroopan maissa

Luonnon säilyminen paremmin seuraaville sukupolville, puhutaan kestävästä kehityksestä. Miten omassa elämässä voidaan toteuttaa ajatusta?

- polyuretaani eristeenä

Luonto (fysiikka)

- gregoriaaninen kalenteri, kesäpäivän seisaus kesäkuussa. Mitä se tarkoittaa?

Vastaus: Päivä on pisimmillään.

- ukonilma tarkoittaa salamointia ja jyrinää. Pilvikerroksiin kerääntyy sähköä, mikä purkautuu salamana maahan. Salaman sähköpurkaus kulkee nopeasti vedessä ja silloin ei saa olla uimassa. Ei myöskään saa mennä ison puun alle sateensuojaan, sillä salama voi lyödä puuhun ja sähkövirtaus voi kulkeutua puusta ihmiseen.
- auringonkierto ja vuodenajat

Käsityö ja askartelu
- kirjanmerkki
- ompeleminen, esim. kassi kirjaston kirjoille, rikkinäisten vaatteiden korjaaminen

- helmikorujen punominen ranteeseen, kaulaan
tai rintakoruksi
- medaljonki on pyöreä tai soikea koteloriipus,
jossa pidetään pientä valokuvaa tai muuta
muistoesinettä
- itse tehty kortti ilahduttaa aina
- ikiliikkuja
- Maanomistajan luvalla voi kaivaa maasta
savea ja muotoilla siitä esineitä.
- keksintöjä
- vinkkejä sivustoilta Pinterest,
instructables.com
- leikataan värillisestä paperista (esim.
Kierrätyskeskukset) omenoita ja kirjoitetaan
omenaan aina tiedot luetusta kirjasta.
Erilaisuudesta kertovat kirjat voi leikata eri
värisestä paperista. Askarrellaan omenapuun
runko ja kiinnitetään lukuomenat siihen. (juna,
tuhatjalkainen, autohalli, kukkaketo tms.)

Piirtäminen
- Oppilas suunnittelee ryhmälle tunnuksen.
- Arvioidaan kirjan kansikuvaa ja kuvitusta.
- Oppilaiden omien profiilikuvien
suunnitteleminen ja lisääminen ryhmään.
- piirretään kukka-asetelma korttiin, otetaan
kuva ja lähetetään ryhmään
- Piirretään jokin tapahtuma tai otetaan
valokuva. Kerrotaan piirroksesta tai kuvasta
aikuiselle.

- Kuvitellaan itsemme kärpäseksi kattoon ja piirretään kodin pohjapiirros.
- Piirretään suurennoksia 1x1cm -> 5x5 cm.
- Esitellään Aku Ankan piirtäjät Carl Barks ja Don Rosa.
- Piirrettyjen kuvien signeeraamisen tärkeys
- Visualisoinnilla tarkoitetaan piirtelyä ajattelun ja kuuntelemisen lomassa. 1960-luvulla Kyllitäti piti TV:ssä satuhetkiä, joissa hän kertoi satua ja piirsi samalla. Näin toimien puheen rytmi säilyy sopivan hitaana ja yleensä lapset pitävät siitä.

Matematiikka
- Paljonko kirjassa on sivunumeroita? Paljonko sivuja on vielä lukematta? Mitä tarkoittaa kasvikirjan yksikkö dm?
- mittaaminen: mm, cm, dm, m. dam, hm, km - arviointi
- Kuinka paljon kirjasta on vielä lukematta? Puolet eli ½, kolmasosa 1/3 vai neljäsosa ¼.
- Ihminen on suurimmaksi osaksi vettä eli H2O, hiiltä on noin 1/5. Paljonko se on prosentteina %.
- Taulukoiden ja graafien lukeminen on tärkeä taito.
- Mihin tarvitaan laskutaitoa? Miten todistuksen keskiarvo lasketaan?

Arjen tekoja - puhuminen ja ajatteleminen

- Kerro perheelle, miten kuvailisit kirjan
päähenkilöä tai muita henkilöitä.
- Kysy kysymyksiä perheenjäseniltä.
- Lue lause perheenjäsenelle ja seuraa hänen
reaktiotaan.
- kysymyssanat: Kuka? Ketkä? Kenen? Kuinka?
Mitä? Mikä? Miksi? Milloin? Mihin aikaan?
Missä? Mistä? Mihin? Millainen?

Leikit
- keksikää vuorotellen jollain tietyllä kirjaimella
alkavia sanoja. Virallinen nimi leikille on: Laiva
on lastattu A-kirjaimilla.
- Ottakaa joku suomenkielinen kirja. Avatkaa se
ja valitkaa tekstistä jokin sana. Sanokaa se
ääneen. Vuorotellen kumpikin selittää, mitä
sana tarkoittaa.
- toinen keksii paperille kysymyksiä ja toinen
vastauksia. Laitetaan laput pinoon ja nostetaan
vuorotellen kysymyksiä ja vastauksia.
- Toinen kirjoittaa tarinan paperille ja ottaa siitä
kaikki verbit pois. Toinen keksii verbejä ja ne
sijoitetaan tekstiin.

Kirjaston käyttö
- oma kirjastokortti
- voi käydä vaikka joka päivä
- ystävällinen henkilökunta neuvoo
- kirjojen luokittelu
- lahjoitushylly ja muut palvelut

- kannattaa lainata aina 3–5 kirjaa, jotta kotona on aina luettavaa.
- Mitä sitten, jos kirja katoaa?

Liikunta
- retket lähialueille, esim. kirjastoon, uimarannalle, metsään
- pyöräileminen
- uiminen, uintityylit: koira-, rinta-, selkä- tai perhosuinti, krooli. Uimakoulu. Uimahypyt, sukeltaminen ja turvallisuus.
- suunnistaminen, kartan lukeminen

Terveys ja turvallisuus
- käyttäytyminen liikenteessä
- ei uimaan ukonilmalla
- luonnon tarkkailu, esim. ampiaiset voivat tehdä maahan pesiä,
- lapsuuskuvien katselu ja kasvamisen ihme
- Kännykästä on pidettävä hyvää huolta.
- Käsimerkit ja emojit, eri kulttuurit.
- luontoretkelle sopiva vaatetus, ei kuulokkeita ja kännykkään 112Suomi-sovellus.
- verenluovutus

Tekniikka
- luonnon ja kasvien kuvaaminen, kasvien tunnistusohjelma
- aiemmin oli yleisöpuhelimia, nyt kännykät
- valokuvaus, kamerat

- tuulimyllyt sähköntuotannossa
- mediataidot, esim. kännykän profiilikuvan vaihtaminen, muistikortin tyhjentäminen
- sanaristikon laatiminen osoitteessa crosswordlabs.com

Tekoäly, AI
- Suositeltiin ääninäytteiden poistamista ryhmästä, koska oman ääninäytteen antaminen tekoälyn käyttöön tuntui pelottavalta, koska ei voitu olla varmoja, mihin se päätyy.
- Kielenkääntäjäohjelmien käyttö
- kasvientunnistussovellukset, lintujen äänten tunnistussovellukset
- AI:n avulla runoja sekunnissa

Liite 7. Ohjeet kirjan tekoa varten

1. Mieti kirjan aihe, luvut ja kappalejaot.	2. Kirjoita, anna kuvittelulle siivet.	3. Kirjoita teksti puhtaaksi tekstinkäsittelyohjelmalla.
4. Lue moneen kertaan ja korjaa.	5. Tee lista tarkistettavista asioista ja käy teksti läpi vielä kerran.	6. Kun teksti on valmis, muunna se pdf-muotoon.
7. Piirrä kansi.	8. Mene omakustantamon sivuille. Seuraa ohjeita, esim. www.bod.fi	9. Ei mikään korvaa hetkeä kun saa itsetehdyn kirjan käsiinsä.

VANHAT

VIISAUDET

Oppiminen vaatii oivaltamisen. Lukemaan oppii lukemalla, kirjoittamaan kirjoittamalla, laskemaan laskemalla ja harjoittelemalla. Lukutaito kehittää kirjoitustaitoa ja luetun ymmärtämistä.

"Keskinkertainen opettaja kertoo. Hyvä opettaja selittää. Superopettaja havainnollistaa. Suuri opettaja inspiroi."
William A. Ward

"Opettaja, tee työsi hyvin!"
Anonyymi

Studying Finnish at the HELPPO (=EASY) Summer School is the last in a series of four non-fiction books. Together they form the CONCERN FOR CHILDREN'S LEARNING book series. The process of creating all the books I've written has been interesting and I've learned many new things and perspectives. One period ends, thanks.

I RESEARCH ON SEL-PROGRAMS AND THEIR USE IN SCHOOLS

The book is based on the author's own experiences and presents a critical perspective on the study of the use of SEL programs. The lengths of the field phase vary, and the results are invariably positive. When studying children, there are many variables, so it is difficult to establish what is the effect of the program and what is normal development. Motivation is linked to learning and increases when attention is paid to doing. The book proposes the introduction of a high-quality reading-based SEL program for one lesson per week. Effective use of the program is not an easy task for a teacher whose main task has always been to teach knowledge. The book also proposes bringing the starting age of school forward, extending the duration of school days and emphasizing the importance of the quality of interaction.

II   IN THE AESTHETIC FRAMEWORK FROM VISUALIZATION TO DRAWING

The concern is that children may no longer learn to look at and observe everyday things around them. Observation is also important for the development of reading and writing skills. The book approaches these themes, starting with aesthetics, which provides a broad framework for the themes. Consider the following questions: Do children naturally learn to perceive the environment or should viewing be taught systematically? Would the most practical way to teach viewing through drawing? Can concerns also be expressed about the decline in the development of fine motor skills in children? In handwriting, students learned to look at the model to see how letters are written, and everyone developed their own unique handwriting. Today, handwriting is no longer part of the curriculum. The book focuses more on drawing than visualization and recommends including drawing in the visual arts curriculum of basic education.

III   CONCERN ABOUT THE STATUS OF THE FINNISH LANGUAGE

Literacy is the basis of learning and a prerequisite for the development of thinking. The book has four parts. Part 1. Reading. History, theories, studies and practices of mind and reading aloud. Part 2. Reading comprehension. Theories, on listening comprehension, on the use of reading strategies and on supporting reading comprehension in S2 students. Part 3. Writing. Theories and studies on writing and a summary of the current situation. Part 4. Reflection. On the attachments are lesson plans implemented during 1 1/2 years of volunteer work in Finnish and English.

IV   FINNISH LANGUAGE STUDIES IN HELPPO (=EASY) SUMMER SCHOOL

The book presents different summer schools in Finland and elsewhere and presents the implementation model of the HELPPO (=EASY) summer school. It all started with careful goal setting and progressed to experimentation and evaluation. The book and its appendices provide a model to support the summer school organizer.

Finnish language studies in HELPPO (=EASY) Summer School

Contents *146*

1 To begin with

My interest in summer school began in the 1980s, when I had a summer job as a teacher student guiding children's physical education and working as a teacher in swimming school. I wondered if I could have arranged some other studies besides exercise. It wasn't until now, four decades later, that I acted and organized a summer school in Finnish. Concerns had arisen about the position of the Finnish language in a changing world. I also think of a child playing alone in June in a quiet courtyard.

Because we live in Finland, I naturally think that communication is done in Finnish. Of course, it is natural to learn other languages according to one's own interests. Children learn their mother tongue from their parents through interaction – they speak, discuss and read together. The UN Declaration on the Rights of the Child contains four principles: non-discrimination, consideration of the best interests of the child, the right to life and development, and respect for the views of the child. How important it would be for children to have a common language to speak.

UNESCO has defined literacy as follows: Literacy refers to how people use it as a means of communication and expression through various media. Literacy is diverse and practiced in specific contexts for a specific purpose and using specific languages. Literacy involves continuous learning and can be measured at different levels. Vähäpassi (1987) states that there is no word in the Finnish language that covers the acquisition and mastery of both reading and writing skills. In Finnish, the word functional literacy has been used. With its help, a person can survive in society. At its broadest, defining the English word literacy involves realizing the significance of both the community and its culture.

Language is an important part of communication. During the first years of life, the conditions are created for rich language development and good interaction skills. People grow into a language community. Language is spoken, written, visual or signed, and nonverbal communication, i.e. facial expressions, gestures and tone of voice, are a large part of language. Language binds together the past and the future, because we can talk about the past and at the same time think about the future. (Korpilahti, Pihlaja & Lindevall 2022.)

My experiences with the summer school in summer 2024 were positive, so I decided to write a book about my experiences. With this, I want to give the students who participated in the experiment a model for making a book, and I hope that my example will inspire other volunteers to organize the summer school and develop its activities. I would like to warmly thank those who participated in the HELPPO (=EASY) summer school for their cooperation. In the future, I will call myself the "summer teacher".

Around the world, the range of summer schools is extensive. Earlier in the spring, I noticed that the US state of New Mexico was looking for instructors for a summer school. The announcement stated that instruction would be given daily for four hours. The applicant had to be a qualified teacher and have work experience. The size of the teaching group should be 25 and the lessons should be inspiring and interactive. In addition to traditional tasks, there should be group building games, art, crafts, outdoor activities and outdoor games. The applicant was required to the skill of maintaining a good atmosphere, good cooperation skills and the ability to consider the safety of the pupils. Before the summer school, the applicant should participate in joint internships and information sessions after the summer school. In the United States and Canada, the offerings are diverse, so I will focus on just a few examples.

The idea of the HELPPO (=EASY) summer school came about quite easily. The idea of organizing the so-called low-threshold summer school, i.e. summer activities that would be as easy as possible for all parties to implement and would not even feel like going to school.

In the book, I present the goals of the program, map out different summer school models in Finland and elsewhere and write about how the HELPPO (=EASY) summer school was implemented. Finally, I will consider this in a broader context. In the appendices, I have compiled documents to support the summer school organizer.

During all the process of creating the books I've written, I've learned something new, and this book was no exception. I used the Google and Microsoft translator programs to help with the translation.

2 Background

In Finland, education in schools is based on the national core curriculum for basic education drawn up by the Finnish Board of Education. It only covers school education, not summer school lessons.

Setting goals is an important part of all learning. The goals were formed through interaction with the family participating in the experiment. Before writing down the goals, I researched the matter by reading. Naturally, teacher training and years as a teacher made planning easier.

In spring 2024, I attended a lecture on reading and writing difficulties (Heikkilä 2024). It was emphasized that reading fluency plays an important role in reading comprehension and spelling. It can be developed by the following means: paying attention to the number and frequency of exercises, the number of repetitions, the activity and variety of training, the appropriate level of difficulty of the text, direct and immediate feedback, the model of fluent reading, setting performance goals and doing comfortable reading comprehension exercises. Often everything seems easy in theory, but in practice things turn out to be more complicated, which is what happened this time too.

Heikkilä brought up Maya Angelo's statement: "People forget what you've done. People forget what you've said. But they won't forget the feelings you've evoked in them." I decided to try to add an emotional dimension to the targets.

2.1 Development of speech, language, thinking and literacy

The development of language and speech go hand in hand, i.e. speech development is part of language development. Development areas according to the Finnish Board of Education (2022) in the national core curriculum for early childhood education and care: interaction skills, language comprehension skills, speech production skills, language use skills, linguistic memory and vocabulary, and language awareness.

Speech is central to all human interaction. Speech has four components that work together: linguistic level, pronunciation, voice and listening. When learning speech, hearing is essential. The child receives models of their environment and feedback on their own speech output. For speech production and reception to develop, it requires, in addition to organic maturation, human interaction and a favorable stimulus environment. (Medical Book 1995.) Speech is learned together during ordinary everyday life, as we speak, ask, listen, play and read. Speech development is individual, but usually a one-year-old child has a passive vocabulary, and by the age of two the child begins to form simple sentences. Gyekye & Ruponen (2022) state that language comprehension develops before speech is produced, i.e. a child understands more than he can produce. When a child starts asking about the meanings of words, he has realized that he doesn't understand everything.

Do thoughts and speech develop at the same time? According to Vygotsky (1962), both develop separately. They may merge for a while, but always diverge again. From the first months of a child's life, the sounds they hear are tools for social contact. Before the age of two, the child knows the words that others have said to him. Around the age of two, a change occurs, that is, the development of thinking and speech begins a new form, speech begins to serve the intellect. The child begins to ask: What is this? The child discovers the symbolic function of words. Speech turns inward, but it is not known exactly how the transition from open speech to internal occurs, at what age, by what means and why. The assumption is that first there is external speech, then egocentric speech, and only then internal speech. It develops through the slow development of functional and structural changes.

In Finnish, every letter means the same sound, so it is quite easy for children to learn to break words into sounds. In English, the same letter is pronounced differently in different contexts. It is part of the world of researchers that things are debated, but the consensus is that every child needs a lot of practice to learn to be a good reader.

Huemer, Salmi & Aro (2012) state that a special difficulty in reading Finnish typically manifests itself as very slow and laborious reading, i.e. problems with reading fluency. About five per cent of Finns have a special learning disability, which makes it more difficult to achieve reading and writing skills. Fluent reading means effortless reading, i.e. the reader proceeds quickly in his text, automatically recognizing words. Problems with reading fluency are universal.

Lewis & Goodwin (2021) state that literacy development cannot be compared to learning to walk, but learning requires instruction and practice. The researchers present the five stages defined by Wolf and at what age the stage typically occurs:
- pre-reader 6 months-6 years
- novice reader 6-7 years
- decoding reader 7-9 years
- fluent, understanding reader 9-15 years
- skilled reader over 16 years

2.2 Aiming for proficient reading

Several institutions have used Scarborough's (2001) image of a reading rope to illustrate the complexity of reading. Proficient reading consists of two important areas: reading comprehension and word recognition. Reading comprehension is about knowledge of background information, vocabulary, language structure, verbal reasoning and literacy. Let's proceed using reading comprehension strategies. Word recognition consists of phonological awareness, decoding and seeing words. Literacy is evolving. In skillful reading, words are re-identified, and the text is understood fluently. The mathematical model LC x D = RC developed by the Really Great Reading Institution, i.e. progress in language understanding and word recognition, leads to proficient reading. According to the institution, the Scarborough's reading rope illustrates the complexity of learning to read. The rope consists of lower and upper strands and only when they are intertwined is skillful, accurate and fluent reading achieved with strong understanding.

In the general reading practice model, reading fluency increases by increasing the amount of reading. Supervised systematic reading practice promotes reading fluency. In general reading practice, children are assisted, guided and given feedback. In computer-assisted training, the child reads text on a display screen and the text is interspersed with tasks that assess reading comprehension. Reading diplomas and passes can be used as support, as well as motivating rewards at home after a certain amount of practice. In the model of repeated reading practice, the text is read repeatedly to improve reading fluency. The method has been used already in the 1970s, when the teacher first read a text and then the student read it independently so many times that the set reading speed target or the goal of the number of repetitions was achieved. In repeated practice, the results may also be poor, because the effect of reading fluency is not transferred directly to another text. Therefore, it would be important to support the child's independent reading hobby, consider questions related to motivation and generally maintain an interest in reading. The amount of fluency training for a child who reads daily is large compared to supervised. Reading from different media requires and practices literacy. In addition, being able to read subtitles on TV can be considered a measure of fluency in reading skills. The goal is to reach and understand the things behind language and the world. (Huemer et al. 2012.)

2.3. Elements

Each person is a personality with a core or personality, or self within it. Personality psychology takes a stand on when an individual acts right or wrong, i.e. examines an individual's values in relation to society. (Ojanen, Anttila,

Lahdesmäki, Oksala & Paavilainen 2004.) According to Lahdes (1997), the division of a child's personality into cognitive, affective and psychomotor has received criticism. The division has been made to better understand the development of the child, although the child should always be seen as a whole person. The school should define the values of education based on the shared values of parents and the school. It is essential that the child is raised as a whole personality. Locally and globally, it is even dangerous if a child only absorbs knowledge but lacks social and emotional skills and a strong moral compass. (Elias 2003.) Harva (1975) states that a person becomes a personality when he is aware of his individuality, freedom and responsibilities. The psychomotor area includes skills that require total and fine motor skills, i.e. physical growth and health more broadly. In the affective area are emotional experiences, values and worldviews, as well as the sense of responsibility and perseverance of the "will life", self-esteem and growing into a member of the community. (Lahdes 1997.) It is a well-known fact that all people need adequate sleep, healthy food, and an appropriate amount of exercise.

Nowadays, there is a lot of talk about social, emotional and socio-emotional skills. Keltikangas-Järvinen (2010) distinguishes between sociability and social skills. Sociability is innate and means that one wants to be in the company of others. It contributes to the acquisition of social skills. They mean that a person can be with others and the ability to cope with social situations. Skills come from learning and can be taught to a child of any temperament. The key to skills is how a person can make contacts with different people, discuss and be natural. Skills reflect a person's personality more broadly: Skills reflect the ability to value and respect others, consider the rights of others and behave according to agreed rules. The most important emotional skill is the ability to show empathy. In addition, listening skills, recognizing one's own emotions, thinking about perspectives and regulating emotions are important. The emotions a child experiences are always correct, and they can feel anger, but not just anything can be said or done. Aggressive behavior towards others should be prohibited and eradicated. The development of socio-emotional skills is closely related to interaction. Social interaction develops when the child adopts not only voice-based communication, but also the language of facial expressions and gestures and adopts the general rules of human interaction (Medical Book 1995). Emotions are the result of an emotional process that can result in an emotional experience such as sadness, fear, or joy. If emotional experience is combined with emotional expression, we can talk about sadness, fearfulness or cheerfulness. (Ahvenainen, Ikonen & Koro 2001.)

Socio-emotional development includes social competence, behavior control, social thinking, the ability to regulate one's own emotions and behavior, i.e. self-regulation. In practice, students are observed and, ideally, interviewed. (Fernald, Prado, Kariger, & Raikes 2017.) Pulkkinen (2002) introduces the concept of social start-up capital. It encompasses the educational community around the child, early relationships, the norms and values of the environment in which they grew up, and the support and trust of the community, and that it may vary greatly from one child to another. If a child's safety is shaken, it affects later social relationships, learning and willingness to learn. People on the autism spectrum have difficulties with social communication. This manifests itself in a literal interpretation of speech and writings. They have difficulty expressing emotions, making eye contact, reacting with facial expressions and gestures, and having difficulty with social imagination when it is difficult to put themselves in someone's shoes. (Autism Association.) It can also happen that someone is left out of the group. Koponen (2020) explains the phenomenon as ostracism. It means that the individual is excluded from the group and the experience of invisibility is inflicted on him, and the situation is not explained to him.

The most important aspect of a child's personality development is ethical development. Values show what a person values. Traditional values can be considered truth, beauty and goodness. According to Harva (1973), children do not have a moral sense, i.e. an awareness of which aspirations are good or bad. The child has hereditary characteristics that allow the development of consciousness. Ethical education, i.e. value education, involves the child knowing right and wrong. It's a constant reflection on how he does things the right way. Moral development is how ethical knowledge is reflected in a child's behavior outwardly. Morale is stimulated as a result of upbringing.

The child's moral perceptions develop gradually. At the age of seven, the child begins to understand the importance of rules and socially fair action. As a child develops, ethical problems become more complex, and growth involves weighing values and thinking about norms. Each child should learn to relate to others and at the same time adapt to the class or group himself. Each child has their own set of values, the values of which they adopt from their parents. The closer the relationship between the child and the parents, the more confident the child will want to internalize parental principles. If the relationship is loose, the adolescent may adopt the so-called "publicity" values. (Arajärvi 1992.)

The culture of society surrounding the child plays a role in the child's prosocial behavior. Children reflect in their attitudes and behavior the surrounding society, which may be oriented towards co-operation or competition. (Stevenson 1991; Eisenberg & Mussen 1989.) Every child has a different competitive instinct and each home values cooperation and competition in a different respect. Everyone has a different perception of prosociality. It refers to the promotion of sociability and positive behavior. It is a mutually beneficial activity and includes altruism, kindness, discretion, sympathy, promoting and helping group membership, and generally promoting the well-being of society by addressing inequalities. In their attitudes and behavior, children reflect the society in which they live. (Miller, Bernzweig, Eisenberg & Fabes 1991; Stevenson 1991.) Pulkkinen (2002) adds empathy to the list.

Lahdes (1997) states that empathy does not stop at sharing the joys and sorrows of others but identifies momentarily and thus preserves the opportunity to help by looking at things from a distance. Empathy requires a warm personality. In terms of learning, good relationships are characterized by empathy, acceptance of the student's contribution and emotions, and friendly relations between everyone. According to the Medical Book (1995), empathy means compassion, i.e. the ability to put oneself in another person's shoes. Empathy can be used to understand the feelings, desires and thoughts of others. Two sides of empathy can be distinguished: emotions and information, and experiences. An empathetic teacher is sensitive to the emotions of others, able to share emotions and able to assume the roles of others. It is about an empathetic and understanding interpretation of the soul life of another. (Lahdes 1997.) Mental Health Finland explains the difference between empathy and sympathy: Empathy is understanding another's feelings, and sympathy is sharing another's feelings or entering another's emotional state. Altruism is defined as a prerequisite for balanced socio-emotional development. It puts the interests of one before one's own and helps the other without reward. A child grows up to be altruistic if his parents raise him in a guiding way and he is accepted for who he is. (Ahvenainen et al. 2001.)

An increasingly important aspect of personality is the psychological one. Psyche as a word is originally Greek and means soul. Mental development continues throughout one's life and the goal is to feel well. For mental well-being, it is important what kind of personal goals a person sets for themselves in relation to their living environment and life situation. Erkolahti, Sandberg & Ebeling (2011) state that children and adolescents with physical symptoms without a somatic cause are challenging to treat. The most common symptoms are headache and abdominal pain.

It is important to support the balanced psychological development of the child. It requires basic care, i.e. taking care of the child's adequate sleep, nutrition, warmth, cleanliness and safety, not forgetting suitable clothing, outdoor activities and exercise. The Mannerheim League for Child Welfare has issued a recommendation that primary school children need 10 hours of sleep per night. Each child is unique, and the recommendations are individual.

How can the psyche be strengthened? Resilience is a term in positive psychology that means the ability to overcome adversity. The characteristic is individual, but tolerance can be trained. Definitions of resilience include adversity or risks associated with positive outcomes. Focus on the positive aspects of operations and the ability to be flexible. Resilience is the ability to recover and overcome adversity and experience positive results despite a disgusting situation or event. (Vella & Pai 2019.) Smith & Law (2013) state that socio-emotional skills reduce bullying if skills are accumulated together at the school-wide level, creating a healthier and safer atmosphere. Skills can be used to direct prosociality towards interaction and solving interpersonal problems through coping strategies. Socio-emotional skills should be strengthened throughout the school path.

According to studies, an extended social network and positive experiences increase resilience. Vella et al. (2019) describe it as follows: The resilience of the individual increases first in the home, then further in the school community or in sports or other hobbies, the community eventually expands to the whole society. For some individuals, flexibility between levels and the dynamic interaction or interconnectedness of levels is important. According to Neitola (2011), nurturing and warm-hearted parents provide a model for coping with stressful situations and learning different coping methods. There are studies that have shown that regularly practicing gratitude improves emotional well-being (Kerr 2024).

The resilience of the APA, or American Psychological Association, can be learned:
1. Build connections, prioritize relationships, and join a group.
2. Strengthen well-being, take care of the body, practice mind control and avoid negative outbursts.

3. Find meaning by helping others, being proactive, moving towards your goals, and looking for opportunities to discover yourself.

4. Adopt healthy thoughts, keep things in perspective, accept changes, maintain a hopeful outlook, and learn from the past.

5. Seek help.

Cognitive development involves receiving, processing and storing information. Skills include perception, thinking, remembering, and the ability to plan, solve problems, make decisions, and focus. Lahdes (1997) defines the acquisition of knowledge and new skills as related to the cognitive sphere. Conative development, on the other hand, includes motivation and metacognition. Motivation is an umbrella term for things that deal with why and how we think and behave. Motivation is situational and connected to a person's mental state (Ruohotie 1998). Motivation involves the concept of metacognition. It refers to the awareness and guidance of an individual's own intellectual activity, i.e. awareness of one's own learning opportunities. Metacognition includes the processes of planning, observation, and self-regulation. Good students have been found to have more planning and metacognitive skills than weak students. The skill is to evaluate oneself during the learning process, which is closely related to self-regulation. It refers to, for example, an individual's ability to regulate their reading speed according to the text. (Ruohotie 2000.)

Cognitive and conative development does not always go as desired. The number of children with special learning difficulties is constantly increasing. The reason may be that people are more likely to seek examinations than before. A constant sense of urgency can be sensed in the lives of some children, although the developmental benefits of childhood play and the opportunities for parents to commit to their children through interaction are emphasized. The amount of free play has decreased significantly in children's everyday lives. (Ginsburg 2017.)

In addition, there is still the development of aesthetics. According to Naukkarinen (2000), practical aesthetics focus on perception and doing, and academic aesthetics on discussion. The boundaries are blurred. The basic forms of aesthetic relationship with the world are perception or sensing, reception, examination, viewing, listening, tasting, sniffing and palpation. The Peda.net website defines aesthetic competence as follows: Being able to observe the surrounding reality and culture while being open to aesthetic experiences as well as their interpretations and appreciations. Creativity and self-expression are capable, and they manifest themselves in skills, expressions, outputs and works. They can identify their own mental and bodily sensations related to aesthetic experience, which can be reflected on linguistically and reflected on together with others.

School education, leisure time and life as a whole reflect beauty and aesthetic values related to nature and life. The world is full of colour, light, form, exercise and singing, because all things such as dressing, living, eating, behaving and socializing, talking, manners and celebrations can be thought of as having an aesthetic reservation. (Viljonen 1949.)

According to the medical book (1995), the enrichment of a child's imagination should not be hindered. A small child needs love, affection and safe boundaries. He must learn to choose and will, but he must not learn to take power through fits of defiance.

3 Summer schools in Finland and elsewhere

Sahlberg (2004) describes what kind of summer schools are available in the United States. Because parents worry about their children's skill level, many send their children to summer school. In the past, there were traditional summer camps, which have now been transformed into schools with traditional school subjects. He cites fun algebra, exciting biology, practical Chinese and leisurely reading as examples. In general, the experience is that everyone finds benefits in summer schools.

According to Wikipedia, popular summer camp activities were organized in Finland in the 1900s after the wars. Child welfare activities were statutory, so municipalities took care of children during the summer holidays during the time when the parents worked. The Comprehensive Schools Act regulated activities and there was talk of summer colonies in primary schools. Other organizers included various organizations, the Salvation Army, the Mannerheim League for Child Welfare, labor organizations, and large employers. The summer schools were generally run by teachers and other school staff, e.g. the school cooks. The summer schools were intended for low-income urban children who had no other place to spend the summer.

The operations had originated in the industrialized and urbanized countries of Central Europe already in the 1800s. Attention had begun to be paid to the living conditions of children in the city. The first summer school was arranged in 1889 for "weakly elementary school children in turku". Gradually, camp centers were developed in Finland, which were also taken model from Sweden. (emt.) Perhaps turku in this context means a marketplace, i.e. a market.

Before the beginning of camp life, the children underwent a medical examination and were weighed. The children were transported to the summer camps by bus or truck platform. The allotments were usually located in places of natural beauty, and during the summer children gained nature experiences, spent time outdoors, swam, played and learned wilderness skills. Vitamin D was obtained from sunlight. Parents had the opportunity to visit the camp. If the summer camp was close to the city, the children only visited it on weekdays and stayed at home on weekends. In the 1960s, camp operations began to be criticized, citing fire safety, the large number of staff and children. They wanted the children to spend time with their parents as well. In 1979, about 21,000 children were in a free camp during the summer. (emt.)

Activity slowed down in the 1990s, when there were recession years. In 1994, there were still about 300 rural homes where the Social Services Department of the City of Helsinki placed schoolchildren from low-income families as "summer children". Today, summer camp activities have been replaced by summer camps organized by municipalities, parishes, scouts, sports clubs and several different organizations. The "Kessula" of the city of Seinäjoki, which has been mentioned as the last municipal summer colony in Finland, is still operating. It was founded in 1960. (emt.)

3.1 Finland

On the Internet, I found information about various summer camp activities for children, organized by municipalities, cities and the third sector. There were many kinds of traditional paid summer camps, some of which were subsidized and some of which offered a sister discount. The summer camp selection of the City of Helsinki was varied, and the campsites had filled up quickly, as well as in Espoo, Vantaa and Tampere, to name the largest cities in Southern Finland. Some of the parishes in the areas also organized camp activities.

The City of Seinäjoki's "Kessula", i.e. the city's summer cottage, organizes summer camps lasting three to five days for local children and young people from primary school to secondary school age. The program includes swimming, sauna, gaming, crafts, playing and other interesting activities. Meals with snacks are served five times a day and the camp accommodates guests in six-person rooms. The camp advertisement mentions that if you wish, you can share a room with a friend, but you also dare to go to the camp alone, because they make sure that no one is left alone. The employees are students in the education field and professional kitchen staff. The camp fee is 70-100e and the sibling discount is 50% of the second sibling's fee. One can register for the camp electronically or with a paper form, and places will be filled in the order of registration. The camps follow the instructions and regulations of the authorities.

The search term "summer school" found courses arranged only for adult students. From this it can be concluded that Finland has not yet made the transition to the so-called school-like summer school activities, but the activities are thought to be relaxing, social and experience-seeking during the summer. During my studies, when I had a summer job as a physical education instructor at the City of

Turku, I organised various games for children on sports fields during the summer season, and the swimming school was held in the swimming hall. This arrangement, which had already been in operation in the 1980s, was still in use, although there were now camps for different sports, as well as the opportunity to engage in art and visit museums. In addition, I found information that Elisa Ltd offered programming skills at Ruby's summer school and organized digital schools.

Diverse language instruction was available for adults. The Finnish National Agency for Education organizes Finnish language and culture courses for students who have completed Finnish language studies for at least one academic year or who are studying Finnish at a university in somewhere else than in the Finnish university. The requirements of the courses are A1, and approximately 85 hours of instruction are given in Finnish. In Hanaholmen in Espoo they organize intensive courses in Finnish language and culture for beginners and postgraduate students. The studies include grammar exercises, listening and reading comprehension, and oral language skills in level groups. The courses consist of 36 lessons and are taught in Finnish or Swedish.

At the Open University of Helsinki, one can complete basic and intermediate level courses in

Finnish, which are included in the study offerings of the bachelor's program in Finnish languages and literature. At the Open University, it is possible to complete basic and intermediate level courses in Finnish (A1.1–B2.1). One can find the course level by familiarizing himself with the descriptions of language proficiency levels, see Appendix 3. In addition, a Finnish language level test must be taken. In summer 2024, Paasikiviopisto in Turku organized a free summer course in Finnish for immigrants who have passed the integration period, and it was funded by the Ministry of Education and Culture. The course included speaking, writing, listening and reading. Each course week had a theme related to vocabulary and other exercises.

Familia registered association has been operating since 1988. It is a national expert organization for bicultural families. The association offers volunteer and peer activities, provides information and advice. The association also aims to promote the consideration of intercultural families in society by striving to develop legislation and the service system. Familia organizes Finnish language courses together with Study Centre Visio.

The KiVANET cooperation network offers language learning paths built in accordance with digital pedagogy and is intended for higher education students. The network has its origins in the KiVAKO project of the Ministry of Education and Culture, which developed the foreign language study offerings of higher education institutions nationally and regionally.

Finnish language studies are also offered by universities of applied sciences, e.g. Metropolia University of Applied Sciences, adult education centers and in civic and labor colleges in Finnish and Swedish.

3.2 Europe

In European countries, the selection of different summer camps is diverse. Numerous pupils have participated and will participate in the language schools which are organized in European countries. There was a map online with information about more than a hundred different language schools. In 2023, there was a news item in Sweden that considered whether compulsory summer school should be organized for underperforming pupils. In the Netherlands, supply was high. In Germany, summer schools were organized to fill the learning gaps created during the coronavirus period. Information was collected on how the summer school managed and why students voluntarily came to study on holiday.

In Spain, camps are offered with four hours of instruction daily. In addition, there are camps focusing on the Spanish language. Turkey also organizes a summer school for pupils aged 7-17 who have language challenges. The courses are advertised as engaging and fun. A curriculum has been drawn up for the courses and, for example, the Turkish American Association organizes a summer school covering 39 topics. Students are divided into groups according to age and English language level. One can choose between 10-day, 20-day and even longer courses. The idea is that families would be able to adapt their own summer program to the course offerings. Teaching is given in the afternoon from 2 pm to 4.35 pm. The teaching is interactive and aims to improve speech, vocabulary, listening and reading skills. In addition, critical thinking, effective communication, research, problem-solving, decision-making and digital literacy are learned. After the course, pupils take part in a test in which their language skills are assessed. To the older students are offered the opportunity to take an oral test of the English language, which is evaluated. The results will be communicated in detail to homes.

3.3 North America

Searching for Summer school found a huge amount of information about different summer schools. According to Sahlberg (2004), more than 5 million high school students across the continent attend summer schools to improve their results or get a place of study. In Washington, D.C., about 16 000 children attended summer schools. In the past, the program consisted of play and hobbies, nowadays it consists of studying mathematics, reading and writing. The organizer is the district school office, and the weeks are subject to a fee. Parents think that when attending summer school, the child is "further away from the temptations of vanity and the dangers of seduction."

3.3.1. Canada

Canada also offered a variety of summer school activities for children of all ages. One site used a video to teach students what reading comprehension consists of: repeating, asking questions, and predicting what will be next in the text.

The Toronto District School Board stated that the goal of the summer school is to increase strengths: growth and diversity. Appreciate every student, a strong public education system, a partnership between students and families and communities. It is also mentioned that students and the school community are unique and diverse, staff are committed and skilled, they act fairly, they innovate and take responsibility. Learning environments are mentioned as safe, caring, positive and respectful. The Elementary Literacy and Numeracy Summer School Program will provide instruction in July. The summer school is intended for children from early childhood education to eight-year-olds and upper graders (grades 4-8). The application form is filled out online and the children are grouped into online teacher groups according to class level. Before enrolling, it is requested that everyone check the information about the programs in detail.

In addition, there is a private service provider, Jays Camp RBI Summer Edition. Children can choose to play baseball in the afternoons, from 12 noon to 4 p.m. or until 5:30 p.m., which is offered in the 14 school yards for grades 3-8. In addition, there are cooperative games, arts and crafts or additional training in baseball. When summer school ends, two-week full-time school days will be offered in August from 9 a.m. to 4 p.m.

3.3.2 United States, New Mexico

The U.S. state of New Mexico offered summer programs for elementary and high school students to help them grow intellectually, academically, and personally. The Summer Learning Department processed the applications, and the selected applicants were sent confirmation of acceptance. The Summer School program was called the Summer Learning Adventure (SLA). Participation was free and the program also included outdoor activities. The aim was to offer a diverse and interesting program that would promote learning and encourage people to practice and retain their skills during the summer. The hope is that students will learn and try new things and participate in activities that inspire and challenge them in new ways.

The theme of the program for fifth-grade students from early childhood education was NM Wild! The program covered literacy improvement, mathematical skills, science, social sciences and arts. The program emphasized the plants, animals, habitats, waterways, and geography of the New Mexico area. Teaching was given daily outdoors and thus learning in a camp-like environment was project-based and practical. The program was adapted to allow students with disabilities to participate in extra-curricular learning. The parents filled out the registration form on the website and the children were accepted in the order of registration.

4 HELPPO (=EASY) Summer School

There were several name options, and I chose the best one in my opinion.

4.1 Implementation

Traditionally, goals have always been set first in all learning.

4.1.1. Main goal

The main goal was to improve reading fluency. As reading fluency improves, it becomes easier to understand the progress of the plot. Reading comprehension improves and the reader can anticipate what he read. Early on, I understood that there was no time to achieve big goals during the summer school, but the idea that even a little practice would add value to reading fluency inspired me to continue. The Montgomery County

Public Schools website presents Jim Cummins' theories of language proficiency and how they have been considered into classroom teaching. Students can develop into fluent conversationalists within two to five years. Academic language development takes four to seven years, but there are several variables such as language proficiency level, age, school start, support.

In everyday communication, mastery of concepts is needed, we talk about upper and lower concepts. It is essential that the child feels understood, even though discussing complex issues outside everyday situations may still be difficult. What kind of words should be used and repeated at the summer school? Gyekye et al. (2022) introduce the concept of core vocabulary, i.e. words that are repeated frequently. These include me, you, want, like, go, milk, bread, drink, eat, together, alone, play, sing, loud, together and alone. According to Finnish Board of Education (2022), children should be given opportunities to use Finnish in diverse situations and gradually be taught a more complex and conceptual language.

4.1.2. Setting of sub-targets

Sub-targets are set so that they are achieved. In this way, it is possible to gradually reach towards the main goal. Sub-targets were set for pupils and, more generally, for the activities of the summer school. Traditionally, the setting of goals at school has been based on the needs of the learner and the following perspectives have been realized: usefulness, accessibility and evaluability. In addition, the pedagogical aspect and the conditions in which learning takes place are emphasized.

Expanding vocabulary and increasing enthusiasm for reading were sub-targets. It was made clear to the pupils that learning Finnish is easier as a child. Learning to listen, speak, read and write. The students strive to improve their own performance and do not compare themselves to others. Liven up reading with tone sounds and try to read in the mornings when the brain is rested after a good night's sleep. Reading is joyful and joy is contagious! Learning to evaluate and think about what is read. The student takes responsibility for learning. Family and summer teacher monitor progress. Reading brings to the surface memories of a lived life and thus increases the need for storytelling for both children and adults.

In the longer term, the idea is to approach life with curiosity, to recognize in oneself the will to read regularly, write longer writings and read diverse texts. When sufficient reading fluency is achieved, reading comprehension improves and reading becomes enjoyable.

In the planning phase of the HELPPO (=EASY) summer school, I used my school textbook: Lappalainen & Nurmi. 1972. Textbook on civics. Book themes:

- Road user skills – We strive for road safety

Movement in the countryside and in the city, traffic rules, signs and cycling, the development of vehicles and travelling by train.

- We discuss behavior – We try to avoid dangers

Honesty, student as consumer, helping, greeting, our common environment, criticality in reading, medicine cabinet content, electricity, on a trip, on a boat, getting lost, weak ice, dangers in play.

- Health information – Choose safety

Differences between people, nutrition, taking care of teeth, washing, dressing, order and time, hobbies, sleep, improving fitness, swimming skills, avoiding dangers, tobacco, drugs and alcohol, behavior at school and on excursions, toxic substances at home and in nature, snakes, use of fire, work of police officers, behavior at the scene of an accident.

4.1.3 Guidelines for developing the summer school model

1. Volunteers contact third sector actors who provide the service, e.g. MLL (requires volunteers to have a criminal record) and indicate how many students they can take. It would be best if students from the teacher training institute and early childhood education could be involved in practicing for future work. When a family is found, practices are clearly agreed.

- the duration of the experiment,

- daily tasks and timing. The recommendation is to read 15 min every day. The target time can be increased, and a reading session can also be arranged over the phone.

- the family assumes responsibility for the use of the child's mobile phone and the performance of tasks

- the volunteer indicates his/her own schedule, e.g. does not give feedback after 6 pm.

- Instructions for listening: Listen carefully to every word and phrase.

- Reading instruction: Reading is fun!

- The task of the summer school organiser, i.e. the summer teacher, is to focus on the key factors of giving and receiving feedback, Appendix 4, and also other appendices before starting the activities.

2. Set up a WhatsApp group, Skype group, etc. The group can make joint calls, private calls, send pictures or videos. It must also be possible to use the program via a computer, which makes it easier to write feedback. If possible, meet face-to-face.

3. The student thinks about what kind of books she or he likes.

Poems
Life
Hobbies and leisure
Action and tension
Non-fiction books
Past time
Magical stories
Comics
Light and funny stories

The student recognizes that he or she must do the following every day:

speaking
listening
reading
writing

Answering reflection questions is important: What have you done today? What's been fun? Was there something miserable? What am I grateful for? How did the reading go? Did you learn new words? What are you going to read tomorrow? Is there something that annoys you when reading? etc.

4. Regular visits to the library are recommended. The student chooses the text or book they want. The student initially records the reading aloud for about 10-15 minutes and sends the message to the group. If there is enough enthusiasm, the reading can take up to 30 minutes. It can also be agreed that reading will be done in real time at least on some days, if it suits the summer teacher. If possible, the summer teacher has the same text from which he can follow the chapter. After reading, the student writes down the main points of what has been read. It can also be done so that the pupil first reads the text silently in his mind and only then aloud.

5. The volunteer listens carefully and takes notes.

6. After listening to the reading sample, the volunteer writes feedback to the group. Attention is paid to voice use, pronunciation, reading fluency, enthusiasm and vocabulary. Collect difficult words into a list or include them in an instructional sentence. Let's also compile funny words.

7. Ask the pupil to read the feedback aloud to an adult at home. In addition, she or he still reads difficult words thoughtfully, calmly thinking. If necessary, at home discuss what the word means.

8. The student asks the summer teacher about the meanings of words. It is also possible to call.

9. If possible, the reading session is daily. Focus on reading and try to eliminate background disorders. On the other hand, it is good for students to learn to listen to their own voice despite the disturbances and noise of those in the background. It is not always possible to study in silence.

10. Summer teacher writes information about at least the following entities in the group:

- inanimate and living nature, movement in nature and safety

- own activities to preserve biodiversity and nature protection

- special features of Finnish culture

- special features of the Finnish language

- behavior between people and in traffic

- healthiness

- environmental hazards,

- Perhaps share children's science questions as well as their own interests, verbal math assignments, crosswords, links to craft pages and hobby pages.

- The pupil's curiosity should be exploited, e.g. typing: Guess what I found today in the forest?

- Inspire students to write a diary, messages, emails, thoughts, poems, presentations or make their own book.

- The summer teacher and the pupils report their own obstacles if they are unable to read or listen to what has been read during the same day. In this way, one learns to be flexible, and it is possible to gain mutual trust.

11. Let's reflect on learning together, be honest. Let's learn to give feedback on both sides.

12. If desired, the summer teacher can write a report about their experiences and give it to the family as a gift. In this way, students get a model of how basic research is carried out and how to even write a book on any topic, see Appendix 6.

4.1.4 Ideas on practice

In other words, the HELPPO (=EASY) summer school will set up a WhatsApp group for the family, which will also be joined by the summer teacher. This is done already in mid-May. According to Pihlaja (2022), a group is considered if there are at least three people in it. It takes time for the group to find the dynamics, and each find its place in the group. Group members have different roles and may behave differently inside or outside the group. The group brings out different aspects of its members and thus develops them. Togetherness or even loneliness can be experienced in a group. Difficulties should be seen as opportunities, because that is how children get a good model. In the development of a group, the following stages have been observed: group formation, initial enthusiasm, internal conflicts, task-oriented activities as a group, and the end of the group. The group should strive to accept differences.

The summer teacher monitors her or his feelings and makes notes about them. They are important when one reflects on his actions and plans. Writing is surprisingly often a therapeutic activity, because writing things down on paper gives the writer permission to let them go, and they don't burden the mind. It may even happen that the summer teacher is worried about the level of the child's competence or development. Heiskanen (2022) states that when determining a child's need for support, care must be taken to ensure that it does not cause significant consequences. If a child is being assessed, it should focus on the child's stage of development, the knowledge, skills and competences he has acquired and personal qualities. The assessment should also include the child's own perspective and opinion, a narrative description of the learning process and a mention of the need for changes in pedagogy required by the child's needs. Support needs can be identified by observing situational dependence: physical and social environment, interaction and language, everyday situations, the child's condition, the impact of the support provided, and the perspectives of different parties. If necessary, the summer teacher can send greetings to the schoolteacher through the pupil's parents or guardians.

It is natural that the role of leader falls to the summer teacher, and this may be a new and perhaps even difficult issue for the adults in the family, as the family's opinions on all matters are not necessarily the same. Pihlaja (2022) states that leadership in a group is relatively permanent, but it can also change as the group develops. Children can be central to the group, even if they are not leaders. If there are several children in a group, they are in different positions relative to each other.

The more the summer teacher writes in the group, the more reading practice there will be for the students and family. When one uses the application on a computer, one can type more easily and there are no typos when the keys on the mobile phone are small. According to the Finnish Board of Education (2022), documents, observations and their interpretation are key tools for examining and monitoring children's learning needs.

The content of the HELPPO (=EASY) summer school is influenced by the themes of the books read, the pupil's own interests and how the interaction between the summer teacher and the pupils develops. According to Finnish Board of Education's Early childhood education plan (2022), children must feel well and feel safe. In the HELPPO (=EASY) summer school, the child is in his own home, doing exercises and the whole family can follow the interaction in the group. The assumption is that even a short summer internship gives the child support and confidence in reading and strengthens the building of a good foundation for future learning.

4.1.5 Themes

The whole list is in the Appendix 6.

Reading and listening
Writing
Finnish grammar, correctness
Literature
Languages
Concepts and phrases
Finland
Reflection
Behavior
History
Geography
Nature
Handicraft and crafts
Drawing
Mathematics
Everyday actions
Play
Using the library
Exercise
Health and safety
Technique
Artificial intelligence, AI

4.1.6. Initial, mid-term and final evaluation

The initial assessment of reading skills can be carried out based on hearing a reading sample and it can be supplemented with a discussion on reading comprehension. A grade given for the HELPPO (=EASY) summer school lasted about six weeks, starting in mid-May and continuing until the end of June. Since this was an experiment, the summer teacher tried to continue teaching as late as July. The assessment focused on the development of the pupil's skill level, summer teacher and summer school structure. After each reading session or at least once a week, it would be a good idea to go through the reflection questions. In this way, interest in joint activities continues even after the initial enthusiasm. If the summer teacher is satisfied with the activities, that is also good to say. Heikkilä (2010) states that one can learn from experiences if an individual reflects on his experiences genuinely and fairly.

The initial assessment of reading skills can be done based on hearing a reading sample and it can be supplemented with a discussion about reading comprehension. A grade given in Finnish language and literature or S2 (=Finnish as a second language) at school is also a good starting point. In writing assignments, summer teacher should try to guide the pupil to correct the text himself, e.g. indicating how many errors there are in total and on which lines they are.

A broader joint reflection should be done halfway through the summer school. After about three weeks, the summer teacher should write feedback related to learning and activities to the pupils. Describe the progress made and compare the achievements with the targets set and the initial situation. The feedback is named individually in the group and the pupils are not compared with each other. Summer teacher can write about his feelings, e.g. Is he proud of the students' progress or should they try even harder? It may seem old-fashioned to say that in all activities only through practice one progresses to mastery. It is also polite to ask how the summer teacher could help the students more, if they would like to visit the summer teacher's home or if everyone would make an excursion together.

In the final evaluation, the summer teacher can ask the family for comments on the summer school. During the experiment, the pupils were also asked whether they would be interested in participating in a small refresher session before school started in August.

4.1.7 Evaluation of the summer school

Karvi, the National Education Evaluation Centre, evaluates anti-bullying methods targeted at early childhood education and methods that support children's socio-emotional skills. Vlasov, Salminen, Repo, Karila, Kinnunen, Mattila, Nukarinen, Parrila & Sulonen (2018) have identified the evaluation factors used in the evaluation of early childhood education. Based on these criteria, the HELPPO (=EASY) summer school has been evaluated.

1. Structural factors, i.e. the factors determining the organization, i.e. laws, decrees and other national documents. Education is regulated by the Finnish Board of Education. The Evangelical Lutheran religion once taught everyone the ten commandments in the Old Testament in the Bible. There are social norms in society.

2. Quality process factors, i.e. how the goals and contents set for early childhood education and care are implemented in practice. In practice, the goals were implemented according to pre-planned goals with daily reading sessions. There were intervening days due to everyday obstacles. During the experiment, the aim was to read also on weekends.

3. Evaluation, i.e. activities are mirrored in relation to the goals and targets set. The summer teacher and the family monitored the pupils' progress in improving reading fluency, expanding their vocabulary and increasing their enthusiasm for reading. In addition, the enlivening of reading, taking responsibility and the desire to read regularly were monitored. There were intervening days for training due to everyday obstacles. It was difficult to raise the students' motivation level, and summer teacher's activity increased during the experiment on the assumption that enthusiasm would be contagious. A more accurate assessment would have required an interview with the family after the experiment.

4. Self-assessment provides information on operations, operating culture and prevailing values. Summer teacher only knows about reflection what came up in the group and in conversations in phone. Since the work was divided between the summer teacher and the family, reflection and its follow-up at home remained the responsibility of the pupil. Joint oral reflection would have been desirable.

5. Developmental evaluation, i.e. evaluation is carried out for the development of one's own activities. The summer teacher reflected daily and wrote down her thoughts in her own notes and also in feedback. Reflection could have been discussed together more, as mentioned above.

6. Quality management shall mean management, planning, evaluation and continuous improvement of operations to achieve the set quality objectives. Summer teacher pondered the above things daily, on the assumption that the family also considered - after all, children are important in families. The work of the summer teacher was easier, as the students and family were already familiar through MLL.

7. An indicator means summarizing the level of ambition in a form that is easier to understand. Reading notes, searching for information, and writing a report opened many perspectives and reflections. Writing a book about summer school activities was a great pleasure.

8. Criteria, i.e. concrete evaluation criteria. The hypothesis I set at the beginning, that great goals cannot be achieved in the summer, but that even less practice can add value to improving reading fluency, came true. I look forward to the family's comments upon their receipt of this book.

4.2. Comments

Benefits of attending the summer school have been identified. In Europe, people talk about pupils' portfolios. I think of participation as part of the student's own curriculum vitae, so a mention of participation would be useful later. So, summer teacher could send a certificate of attendance to the pupils. Henry Harvin from the Education organization mentions in his blog that the most important advantage of the summer school is that it is possible to learn new things, such as languages, crafts, etc. The second most important advantage is that the child participates in the activities and disseminates information about their participation to introverted pupils as well, thereby reducing their hesitation and shyness. Encourage participation in various interesting programs and strive to work diligently and wisely in them.

In the beginning, the summer teacher made more conscientious notes and a certain routine for writing notes was formed. The pupils' competence was not measured, but there were times when there was nothing to complain about reading, and on those occasions there was only drawing in the notes of the summer teacher. It would have been better to write the feedback daily on the computer, which would have reduced the number of typos, but there was not always the possibility to use the computer. Gyekye et al. (2022) state that a good and correct linguistic model of Finnish given to multilingual children is one of the prerequisites for learning Finnish.

I have been actively following the changes in the school world since the 1980s, which is why the increase in summer teacher's activity in relation to students were not a surprise. On the other hand, I didn't know about everything what was done at home, as I was delighted to receive photographs of handwritten journal entries, abstracts and assessments. So, in the end, the level of activity can be considered to have been at an appropriate level. Fine motor skills of the hand are developed through handwriting, and pen skills are an important part of personality development. Wiley & Rapp (2021) compared handwriting to non-motor training in adults. Handwriting produced faster learning and generalization for tasks that had not been practiced. In addition, handwriting contributes to personality development, develops fine motor skills and letter learning. Not all summer students or homes may have access to a computer. Should we extend the length of school days so that time can also be reserved for handwriting?

As its name suggests, the advantage of the HELPPO (=EASY) summer school is its ease. Summer teacher can choose his own schedule and listen to the read text when it suits him best. No time is wasted on travel, and there is no need to agree on schedules. However, flexibility skills are needed on both sides. At first, students may be timid about reading and recording reading may be nervous, but gradually as their confidence increases, they become encouraged. Feedback should be written positively, but honestly. Do not give the pupil the impression that reading is fluent if it is not. It is important that the summer teacher states that all learning requires work, and when reading fluency improves, reading comprehension improves and reading begins to feel more pleasant. If the volunteer summer teacher has one student, his or her daily time spent on activities is 30 min – 1 h. It can also happen, as is usually the case in a teacher's work, that the activity can take several hours unnoticed.

Gyekye et al. et al. (2022) mention that children are able to receive and assimilate language more easily if they are given a model of clear and calm speech, short and simple instructions are used, and the sound environment is silenced if possible. When the summer teacher writes the feedback, the student can read it in peace, thinking. Using images as part of feedback and interaction is convenient and easy. In group learning, the child's attention should be focused on several talking children. Speech can overlap and the tempo of conversations can be fast. One-on-one interactions are intense and thus develop language learning and expression, requiring sensitivity. (emt. 2022.)

It was difficult to influence the students' emotions over the phone. Games, books and learning together sessions commonly used at school were not in use, so enthusiasm was not contagious through them. There are all kinds of learners in the classroom and students follow each other. Enthusiasm is contagious and motivation grows. The summer teacher can only ask if there are some games at home that support language learning, such as word recognition games. In the free room of the recycling center, I have seen games and there were numerous copies for sale at affordable prices. The question remained how summer teacher could inspire the whole family more, because the well-known truth is that children need a reading model.

With the help of a mobile phone, recording sound is easy, i.e. it is a question of so-called accessible technology. Hands were left free, and fingers could be used to track letters and words. The task of the summer teacher is therefore to listen to the students' reading samples. Students can also be encouraged to listen to their own reading. In this way, the perception of oneself as a reader is strengthened, i.e. self-esteem as a reader increases. The most fun part of the summer school was listening to the dialogues the students read - sometimes even making me laugh.

Gyekye et al. (2022) state that it would be important to identify children learning Finnish who need speech therapy rehabilitation. If this is the case, the S2 teacher in early childhood education and the speech therapist in primary care will work together. There are more and more foreign and multilingual children as clients of speech therapy. It is a good idea to tell the adults in the family if there are pronunciation difficulties in speech or if they notice any obstacles to learning. If the summer school were held by teacher and early childhood education students, they would have the opportunity to learn a lot about different cultures, teaching skills, crystallization, interaction, motivation, setting and achieving goals.

Several shortcomings could be detected at the summer school. The first was that the authority of summer teacher might not allow students to read in the morning, when the brain is at its most receptive after a night's sleep. The second was that summer teacher could not force a student to read, but that it would be a task at home. When parents or guardians are at work, reading can easily be delayed until the afternoon. It is possible that the summer teacher may feel like a failure or sad if both sides do not follow what has been agreed. Thirdly, the summer teacher may feel that the practice does not excite the student. It can also happen that the student even finds reading repulsive. In this case, it should be emphasized that the pupil himself chooses what he reads. Most books and other texts are in language reviewed by experts. It doesn't hurt if the pupil first gains the vocabulary needed in spoken language by reading comics. Fourthly, the lack of peer support.

In addition, it was difficult to find age-appropriate reading and themes, as well as to write feedback on a topic that was unfamiliar. It would be best if the students themselves turned to library experts and picked up something to read. There were changes in the opening hours of libraries during the summer. It can also be confusing for a summer teacher to think about how much authenticity there is and how much drama there is in the summer school activities. Cultural and language differences can bring up issues that cannot be prepared for in advance.

4.3 Ideas for further development

Agreeing on the practices would require an external coordinator. Summer teacher would also need someone to vent his feelings to. However, it should be remembered that not everything can be agreed upon in advance, as many opinions will be expressed in the group. Changes may have to be made to the operations, or they may have to be interrupted for one reason or another on both sides. It is also possible to see the positive side of the matter, i.e. the cooperation between the summer teacher and the family can continue. Perhaps the summer teacher will be able to follow the students' school path all the way to the profession.

If I were to start summer school again, I would add more conversations to it. Since it seemed difficult to motivate by writing, I didn't want to get involved in sending video messages. On the other hand, the video I took from a trip in the forest to collect blueberries would have been very instructive if it had also been discussed. It would be important to discuss videos and give observation tasks so that they support learning. The Finnish forest may remain an unfamiliar experience for many children, and then videos of berry and mushroom picking trips could be encouraging and inspiring. This is especially true if there is no possibility to make a joint excursion. I was also a bit annoyed that I didn't have time to check out my old civics' textbook for grades 5-6.

The transfer of one's own emotions and enthusiasm for reading are best conveyed by a model example. How did it happen in writing? I sent the so-called.

me-messages, e.g. I would be delighted if... or I would be delighted if I could listen to your reading. It would have been great if the summer school had ended with a meeting together or a day out in nature in the forest or allotment garden.

5 Reflection in a wider framework

Thinking about the HELPPO (=EASY) summer school after the summer brought up several ideas.

5.1 Language development

Finland become multilingual, the world becomes global, families become more international and multilingual, so speaking one language decreases. A child's mother tongue is the language he begins to learn in early childhood in the family or community in which he lives. It is possible for children to learn more languages. When learning Finnish, the guardians' own language skills affect the child's language development. Good mother tongue skills promote second language learning. (Gyekye et al. 2022.)

A common finding in the literature has been that more research data on languages and their study is needed. Lee of the Understood organization notes that some people think reading is a simple task, but in reality, it is a complex process and requires many skills. Lee outlines six key skills that parents can focus on to support their children in learning to read with the goal of reading comprehension.

1. Decoding, or phonemic awareness, more broadly phonological awareness. The child hears sounds in words and syllables. The sound corresponds to the letter. Books, songs and rhymes, word games and reading are used. The earliest signs of reading difficulties are associated with rhymes, counting syllables, or recognizing the first sound of a word.

2. Reading fluency, i.e. the child immediately recognizes all words, which makes it easier to read and understand the text. When word recognition improves, the child will be able to recognize whole words instantly. When reading is fast and there are no errors, reading is smooth. The child will then be able to group words to understand their meaning and will be able to use tones of voice when reading. An average reader needs to see the word 4-14 times to be able to recognize the word automatically. If a child has a problem, he may have to see the word up to 40 times. Identification requires practice and support. The main way out is to read books of appropriate difficulty.

3. Mastering vocabulary means that the reader understands most of the words in the text. A strong vocabulary is therefore a key factor in reading comprehension. Words are learned through everyday experiences and reading. The more children are exposed to words, the richer their vocabulary becomes. A way to increase vocabulary is to discuss different topics. Trying to add new words and ideas, tell jokes and play word games. Daily joint reading sessions are a good way. When an adult reads to a child, they should stop at new words and define them so that the context of the words becomes clear to the child. Teachers choose interesting words and give instructions at different levels, inspire students to discuss, and make reading fun by playing word games.

4. The structure and consistency of sentences is emphasized in writing. Cohesion is called how thoughts are combined within and between sentences. Such knowledge will help the child understand the meaning and wholeness. Gradually, the skill appears in the development of writing. It is worth teaching the child how to build a sentence. Also taught how to combine two or more sentences in reading and writing.

5. Reasoning and background information help the child connect things and understand what is important. The ability to read between the lines, that is, to find meaning, even if it is not written, is an important skill. For example, if a child reads a story about a poor family in the 1930s, knowledge of the Great Depression can give an idea of what is happening in the story and help draw conclusions. The child builds knowledge through reading, conversations, movies, TV shows and art. Life experience and practical activities also build knowledge, so it is advisable to expose the child as much as possible to all knowledge. An adult can talk about his own experiences. Helping the child build connections between existing and new information. Open-ended questions require thinking and explanation. When an adult watches videos together with a child, he should ask questions: What is ...? How do you know? Where does the story take place? How... Feel? How do you know? What do you think will happen after the story ends?

6. Memory and concentration promote reading. When reading, students gain knowledge from the text, and with the help of memory, they can hold on to the information and build new meanings. The pupil recognizes if he does not understand something and then he needs to stop in the text and return to the previous point. Games and everyday activities are used in which working memory is built. Looking for interesting and motivating reading. Encouraging the child to stop and read again if something is unclear. Let's give a model of thinking out loud. This ensures that the text read makes sense.

Reading difficulties do not mean that a child is not intelligent. Some children just need extra support and encouragement to progress.

5.2 About summer school

Sahlberg (2004) states that children should learn to be with themselves! The phrase reflects the wish of parents that the child's life should not be too programmed. Learning to know oneself, being aware of your strengths and weaknesses, and accepting your temperament are important skills. However, if a pupil does not have sufficient language skills, it is difficult for him to place himself within the communities of Finnish society. Language skills are the key to social interaction and collaboration.

I have heard it said that no child has the energy to be another child's language teacher. This idea is understandable, but usually comes from the mouth of an adult. Children do not usually experience this as a difficulty, but are happy to help, but not full-time, of course. How can children learn Finnish if they are not spoken to and cannot hear it? Things around us are automated, and there is less and less interaction.

Summer school would provide an opportunity to hear the language, speak, read and write. It would be possible to learn more about language and culture. Not all children living in Finland have ever been able to visit the home of the native population or go on a joint excursion with them. By developing the practices of organized summer schools, all pupils could achieve better results in language studies and the possible feeling of being left out could be reduced. On the other hand, it is difficult to change habits, long summer holidays and the students' freedom to decide with their families how to spend their summer holidays.

Let me sum up the challenges of the summer school's development work: 1. Identifying the student's problems. 2. Agreeing on joint activities with family, summer teacher and organization. 3. Monitoring and evaluation of activities. 4. Policy development. It's possible that the idea of summer school doesn't seem appealing, especially if a child must choose between playing outside or reading indoors. It is possible that the attitude in society may be negative and justified on economic grounds, or it may be thought to discriminate between pupils.

According to ASCD (2011), it would be good to consider why summer learning should be invested in. If students don't study in the summer, they'll fall behind. There have been studies showing that without summer school, students would lose about two months of reading and math skills. Differences in literacy are the result of unequal learning opportunities during the summer months. The summer school should be developed according to the following nine principles:

1. The summer school must be comprehensive in duration, intensity and scope. It should last six weeks.
2. Summer school activities should be extended to all students, not just those who have difficulties in learning.
3. Mixing academic learning and other activities. Include practical and engaging activities in the summer school to learn collaboration, invent innovations, develop creativity, communication, and collect and analyze data.

4. Gather partnerships from organizations so that resources can be used efficiently, and the program becomes of high quality.
5. Providing pupils with healthy food, excursions, recreation and providing support.
6. The summer school gives instructors the opportunity to gain valuable leadership experience and test new teaching models.
7. Innovative approaches such as flexible tasks recovery and visits to institutions that need future success should be included in the program.
8. Summer school should be particularly targeted at pupils who are going through a transition period, i.e. from kindergarten to school, from primary school to secondary school and from there to upper secondary school.
9. Learning in the summer should be at the heart of school strategy planning. It should have sustainable and stable funding, long-term planning, robust evaluation and improved infrastructure and data collection.

In Finland, the length of summer holidays is more than two months. It would be desirable for all children to have the opportunity to participate in some form of supported activity during the summer holidays. The voluntary HELPPO (=EASY) summer school should be free of charge for participants. Once the operations would be more established and information on further development needs had been collected, the model could be made available to municipalities and cities.

As late as the 1970s, students were given "terms" (=" ehdot") for the subject if they did not pass the contents of the subject. This practice has now been abandoned. If summer school were to be made compulsory, it would require language skills to be measured by the school. In the 1970s, a national Finnish language test was taken for pupils already in the lowest grades in the spring. If the test were the same for all students, could those students who pass the test with poor grades be forced into summer school?

According to the Medical Book (1995) and Mieli ry., fear of social situations, or "coffee cup neurosis", is common in Finland. About 12% of the population suffers from anxiety related to social interaction, which is a lot compared to other countries. Common situations that cause social anxiety include performing, eating, drinking and writing in front of others, participating in social events, making eye contact with someone who feels like a stranger, talking to a stranger, and being observed by others. Exposure to fear can cause intense anxiety, and avoiding situations leads to a narrowing of life and possibly produces depressive symptoms or later leads to substance abuse. Fear is difficult to "overcome", even though the person is aware that it is disproportionate. The person would benefit from various therapies or social rehabilitation that can be used to improve interpersonal skills. Fear of social situations causes avoidance, which can become a limiting factor in life. If they start early, they can limit one's ability to get an education and choose a career. Tension symptoms are sometimes milder and at times more severe (see also Medical Book 2006). Family sizes have decreased, and not all children have the opportunity to receive support from older siblings. Society has increasingly been oriented towards individualism, where people hold on to their own interests. Some students may have bad experiences of being bullied, and then the HELPPO (=EASY) summer school model would suit them quite well.

Concern about language development arises if, at the age of 4, the child's vocabulary is limited, the description of things is imprecise, sentences are simple, and there are problems with inflections, articulation, play skills and interaction skills. Problems can also arise with listening comprehension, naming words and internalizing the rules of play, even if they are repeated. In this case, the child is referred to a speech therapist or phoniatrician, and cooperation with the home is an essential part of supporting development. (Korpilahti et al. 2022.)

According to the UN Declaration on the Rights of the Child, children have the right to express their own opinions on matters that concern them, and these must be considered in accordance with their age and maturity. Summer teacher should be prepared to listen if the family has felt that the children have been left out of the groups. Viitala (2022) explains the issue with the concept of social inclusion. It can be difficult to start dealing with the issue. Social inclusion is influenced by interaction and friendships, approval from the group and one's own perception of whether he has been accepted into the group. The consequences can be either positive or negative.

According to Merikoski and Pihlaja (2022), nowadays we talk about accessible communication. Its means include facial expressions, gestures, body language, support signs, images, drawing, speech devices and communication programs. Language and speech develop between people in linguistic and non-linguistic interaction. Repetition and rhythm of speech are recommended so that the instructions are understood. In addition, drawing as a tool for interaction and oral exercise are mentioned. It should be possible to provide timely, quality and quantity of the support provided.

In my experience, students like structured situations. The HELPPO (=EASY) summer school provides a model for summer school with certain duties and responsibilities. During the summer school, I sparked discussion about the use of mobile phones based on Professor Haidt's thoughts:

1. No smartphone before high school.
2. No social media until the age of 16.
3. Phones locked in the duration of the school day.

4. Much more play and independent activities without the constant supervision and control.

Families may find themselves in situations where the use of mobile phones "gets out of hand". The use of social media gives the child's brain feelings of well-being, i.e. an increase in dopamine levels in the brain, and the aim is to take out the mobile phone in every situation. If the use is excessive, it can lead to brain adaptation and further serious dependence. The number of children playing outdoors has decreased in both rural and urban areas. It worries how much children are inside watching videos on their cell phones that are not discussed. Literacy and reading comprehension are unlikely to develop in this way.

Mobile phone bans in schools have been discussed. The main responsibility for guiding the use of mobile phones lies at home, as the child is only at school for a few hours a day. A trained teacher can decide for himself which learning content is suitable for using a mobile phone naturally and which is not. Transitions have traditionally been heavy with rising noise levels, but it is presumably possible to reconcile traditional teaching models with new technology when practiced. School rules and regulations supposedly prohibit the use of disturbing mobile phones. Wasn't it the student with socio-emotional skills who had the ability to value others and behave according to agreed rules? To some extent, the importance of school as an institution of socialization into society has been misunderstood if there is no interaction with other students during recess. Lipkin of the National Association for Media Literacy Education sums it up by stating that students need to develop their skills for healthy phone use outside of school.

By discussing mobile phone restrictions, families have the opportunity to learn and teach their children the noble art of agreeing. Should we dare to issue a national recommendation: 0-10 years screen time 0 h/day, 10-12 years 1 h/day, 12-15 years 2 h/day, 16-18 years 3 h/day? A smart phone would only be acquired for a child once fluent reading skills have been achieved. The use of a mobile phone would be agreed verbally and when the child grows up, a written agreement could be done. Let us agree together on the consequences of breaching the agreement.

My concern about the status of the Finnish language has not diminished. The Finnish

Board of Education, Institute for the Languages of Finland, Kielikello, the group Kivenkantajat and several professors, researchers, doctors, teachers, school assistants and speech therapists have also expressed the concern in public. Concern about language is not new, as Helsingin Sanomat's 50 years ago column had an article expressing concern about "Sössösuomi". It was characterized by "expressionlessness, wrong emphasis, pop ace, mannerisms, stuttering compound words and unnecessary quilting words". Nowadays it has been read in the newspapers that some of the children speak "rally English" or "YouTube English". In 2022, the scores of 15-year-old Finnish students decreased in the PISA survey in mathematics, reading and science compared to 2018. The decline had already begun earlier. The differences between those with the highest and lowest scores have widened and the share of weak readers increased. Children differ in their reading habits from an early age. One can only hope that all families will introduce their children to books and use the services of libraries.

While writing the book, I became acquainted with ideas about classical schools. Hess (2024) highlights the rise of popularity of them. These are schools where students' intellectual virtues such as research skills and discipline are developed alongside moral virtues such as compassion, generosity and courage, there are mind, body and spirit. The assumption is that together they lead to expertise and competence. The classrooms resemble workshops, as they study the achievements of previous masters while developing one's own thinking and creativity. Phones and digital distractions are limited. It is difficult to find teachers for them, as they must have both expertise and pedagogical competence. For example, if one wants to eradicate racism from society, one reads the writings of great thinkers about human error in treating others with contempt, such as the Augustine, Bartolomé de las Casas, Ghandi and King. The authors point out that society defends human dignity and thus inspire future generations to take up the issue. "Classical education equips today's students with a treasure chest of ideas from which they can create a more humane and just society."

I was left thinking about three things. Would all children benefit if learning to read relied on the Orton-Gillingham method? It is a multisensory method of teaching reading that uses sight, hearing, touch and movement to help children learn to associate letters with words. It would be worth adding singing to the list. How can we teach today's children moderation and justice? Perhaps in the next summer school experiments, teaching should start with the national epic Kalevala and get acquainted with Gallen-Kallela's Kalevala themed paintings on the ceiling of the National Museum of Finland in Helsinki.

Sources

Aalto, Mikko, kehitysjohtaja, Milestone Oy. TEK – tekniikan akateemiset 6/2005.

Ahvenainen, O., Ikonen, O. & Koro, J. 2001. Johdatus erityiskasvatuksen käytäntöön. Helsinki: WSOY.

APA. American Psychological Association.

Arajärvi, T. 1992. Tasapainoinen koululainen. Porvoo: WSOY.

ASCD. 2011. A New Vision for Summer School. Vol. 69. No. 4. https://ascd.org/el/articles/a-new-vision-for-summer-school

Autism Association

Basic Art Education

Cummins, J. Montgomery County Public Schools.

Eisenberg, N. & Mussen, P. H. 1989. The roots of prosocial behavior in children. Cambrigde: University Press.

Elias, M. J. 2003. Academic and social emotional learning. Educational practices series-11, International Academy of Education.

Elisa Ltd.

Erkolahti, R., Sandberg, S. & Ebeling, H. 2011. Somatisointi ja somatoformiset häiriöt lapsilla ja nuorilla. Lääketieteellinen Aikakauskirja Duodecim 2011;127(18):1904-10

Familia Association.

Fernald, L. C. H., Prado, E., Kariger, P. & Raikes

A. 2017. A toolkit for Measuring Early Childhood Development in Low- and Middle-Income Countries. International Bank for Reconstruction and Development/The World Bank. Washington DC.

Finnish Board of Education. OPH. 2022. Varhaiskasvatussuunnitelman perusteet 2022. Määräykset ja ohjeet 2022: 2a. Opetushallitus.

Ginsburg, K. R. 2017. The Importance of Play in Promoting Healthy Child Development and Maintaining Strong Parent-Child Bonds. Pediatrics 2007; 182-191.

Gyekye, M. & Ruponen, U.-M. 2022. Suomi toisena kielenä -oppiminen: ohjaus, pedagoginen toiminta ja haasteet. Teoksessa: Pihlaja, P. & Viitala, R. (toim.) 2022. Varhaiserityiskasvatus. PS-Kustannus.

Haidt, J. 2024. Palohälytys soi, miksemme toimi? Helsingin Sanomat.

Harva, U. 1973. Maailmankatsomuksen ongelmia. Helsinki: Otava.

Heikkilä, J. 2010. Luovasta ideasta innovaatioon – luovuus ja innovatiivisuus selviytymiskeinoina. Enostone Oy.

Heikkilä, R. 2024. Lukemisen ja kirjoittamisen vaikeudet. Remote lecture 25.4.2024.

Heiskanen, N. 2022. Tuen prosessit ja lähtökohdat. Teoksessa: Pihlaja, P. & Viitala, R.

(toim.) 2022. Varhaiserityiskasvatus. PS-Kustannus.

Helmet

Helsingin kaupunki -magazine

Henry Harvin Education. Henry Harvin. Blog. https://www.henryharvin.com/blog/the-10-best-summer-schools-in-europe/

Hess, R. 2024. Classical Education Is Taking Off. What's the Appeal? Education Week, May 06, 2024.

Huemer, S., Salmi, P. & Aro, M. 2012. Tavoitteena sujuva lukutaito. NMI Bulletin 2/2012.

Jays Camp RBI Summer Edition.

Karl-Magnus Spiik Ky

Keltikangas-Järvinen, L. 2010. Sosiaalisuus ja sosiaaliset taidot. WSOY.

Kerr, J. M. 2024. Unlock Your Luck to Benefit Your Effectiveness as a Leader. Psychology Today, August 27, 2024.

Kivanet. https://sites.uwasa.fi/kivanet/

Koponen, S. 2020. Selviytymiskeinoja näkymättömiltä. Aineistolähtöinen sisällönanalyysi ostrakismin voittamisesta. Pro gradu -tutkimus. Turun yliopisto. Kasvatustiede. Opettajankoulutuslaitos.

Korpilahti, P., Pihlaja, P. & Lindevall, P. 2022. Puheen, kielen ja kommunikoinnin kehityksen vaikeudet.

Lahdes, E. 1997. Peruskoulun uusi didaktiikka. Keuruu: Otava.

Lappalainen, A. & Nurmi, V. 1972. Kansalaistaito 3-4. WSOY.

Lee, A.M.I. 6 essential skills for reading comprehension. Understood.
https://www.understood.org/en/articles/6-essential-skills-needed-for-reading-comprehension

Lewis, D. & Goodwin, B. 2021. Building the Implementation Bridge. Research Matters. Vol. 78. No. 8.
https://ascd.org/el/articles/building-the-implementation-bridge

Lipkin, M. C. National Association for Media Literacy Education.

Martat

Medical Book 1995. Kodin Suuri Lääkärikirja. 1995. Reader's Didest Ab. Printed in Italy.

Medical Book 2006. Kodin Uusi Lääkärikirja. 2006. Oy Valitut Palat – Reader's Digest Ab. Printed in France.

Mental Health Finland. Mieli ry.

Merikoski, H. & Pihlaja, P. 2022. Kielen ja puheen tukeminen varhaiskasvatuksessa.
Teoksessa: Pihlaja, P. & Viitala, R. (toim.) 2022.

Varhaiserityiskasvatus. PS-Kustannus.

Metropolia ammattikorkeakoulu.
https://www.metropolia.fi/fi/opiskelu-
metropoliassa/maahanmuuttajille/suomen-kieli

Miller, P. A., Bernzweig, J., Eisenberg, N. & Fabes
R. A. 1991. The development and
socialization of prosocial behavior. Teoksessa A.
Hinde & J. Groebel (eds.) Cooperation
and prosocial behaviour. Cambridge: University
Press, 54-77.

Montgomery County Public Schools.
https://www.montgomeryschoolsmd.org/siteass
ets/district/curriculum/esol/cpd/module2/docs
/cummins.pdf

Naukkarinen, O. 2000. Estetiikan avaruus. Miten
ymmärtää estetiikka 2000-luvulla?
Aalto-yliopiston julkaisusarja TAIDE +
MUOTOILU + ARKKITEHTUURI 3/2018.
Aalto-yliopiston taiteiden ja suunnittelun
korkeakoulu, Aalto ARTS Books, Helsinki.

Neitola, M. 2011. Lapsen sosiaalisen kompetenssin
tukeminen – vanhempien epäsuorat ja
suorat vaikutustavat. Turun yliopisto.
Kasvatustieteiden tiedekunta. Turun yliopiston
julkaisuja. Sarja C. Osa 342.

New Mexico, U.S.A.

Ojanen, M., Anttila, R., Lähdesmäki, M., Oksala,

E. & Paavilainen, P. 2004. Persoona. Persoonallisuuspsykologia. Edita, Helsinki.

Olweus, D. 1992. Kiusaaminen koulussa. Suom. M. Mäkelä. Keuruu: Otava.

Paasikiviopisto

Peda.net

Pihlaja, P. 2022. Ryhmä erilaisten lasten kasvun paikkana. Teoksessa: Pihlaja, P. & Viitala, R. (toim.) 2022. Varhaiserityiskasvatus. PS-Kustannus.

PISA 2022. Results (Volume I and II) – Country Notes: Finland. OECD Publications. https://www.oecd.org/en/publications/pisa-2022-results-volume-i-and-ii-country-notes_ed6fbcc5-en/finland_6991e849-en.html

Pulkkinen, L. 2002. Mukavaa yhdessä. Sosiaalinen alkupääoma ja lapsen sosiaalinen kehitys. Keuruu: Otava.

Really Great Reading, Tools for teaching reading. https://www.reallygreatreading.com/scarboroughs-reading-rope

Ruohotie, P. 1998. Motivaatio, tahto ja oppiminen. Helsinki: Edita.

Ruohotie, P. 2000. Conative constructs in learning. Teoksessa P. Pintrich & P. Ruohotie. Conative constructs and Self-Regulated Learning. Research Centre for Vocational

Education. Saarijärvi: Saarijärven Offset, 1–30.

Sahlberg, P. 2004. Blog.
https://pasisahlberg.com/kesa-koulussa/

Scarborough, H. S. 2001. Connecting early language and literacy to later reading (dis)abilities: Evidence, theory, and practice. In S. Neuman & D. Dickinson (Eds.), Handbook for research in early literacy. New York: Guilford Press.

Smith, B. H. & Law, S. 2013. The Role of Social-Emotional Learning in Bullying Prevention Efforts. The College of Education and Human Ecology. The Ohio State University.

Stevenson, H. W. 1991. The development of prosocial behavior in large-scale collective societes: China and Japan. Teoksessa A. Hinde & J. Groebel (eds.) Cooperation and prosocial behaviour. Cambridge: University Press, 89-105.

The Finnish parents' association

The Mannerheim League for Child Welfare. MLL.

The national core curriculum for basic education

The national core curriculum for early childhood education and care

Turkish American Association

UN. Declaration of the Rights of the Child Understood.

University of Helsinki

University of Helsinki, Open University
https://www.helsinki.fi/fi/kielikeskus/kielitaido
n- taitotasokuvaukset

UNESCO.
https://gaml.uis.unesco.org/wp-
content/uploads/sites/2/2018/12/4.6.1_07_4.6-
defining-literacy.pdf

Vella, S.-L. C. & Pai, N. B. 2019. A theoretical
review of psychological resilience: Defining
resilience and resilience research over the
decades. Archives of Medicine & Health
Sciences. Vol 7, Issue 3, 233–239.

Viitala, R. 2022. Inkluusio ja inklusiivinen
varhaiskasvatus. Teoksessa: Pihlaja, P. & Viitala,
R. (toim.) 2022. Varhaiserityiskasvatus. PS-
Kustannus.

Viljonen, T. 1949. Käytännöllinen opetustaito.
Gummerus.

Vlasov, J., Salminen, J., Repo, L., Karila, K.,
Kinnunen, S., Mattila, V., Nukarinen, T.,
Parrila, S. & Sulonen, H. 2018.
Varhaiskasvatuksen laadun arvioinnin perusteet
ja suositukset. Kansallinen koulutuksen
arviointikeskus, Karvi. Julkaisut 24:2018.
Juvenes Print – Suomen Yliopistopaino Oy,
Tampere.

Vygotsky, L. S. 1962. Thought and Language. New

York: John Wiley and Sons, Inc.

Vähäpassi, A. 1987. Tekstinymmärtäminen: Tekstinymmärtämisen tasosta suomalaisessa peruskoulussa. Kasvatustieteiden tutkimuslaitoksen julkaisusarja A. Tutkimuksia 10. Jyväskylä.

Wiley, R. W. & Rapp, B. 2021. The Effects of Handwriting Experience on Literacy Learning. Psychological Science, vol. 32, 7: pp. 1086-1103.

Willman, Arto. 2001. Yhteistyön ristiriitaiset puhetavat.

In addition, encyclopedias and Wikipedia have been used.

Appendices

Appendix 1. Good manners in Finland. The Finnish parents' association. In Finnish, Swedish and English.

Suomeksi:

1. Kunnioitus ja kuunteleminen on hyvän käytöksen lähtökohta. Lapsi omii käytösmallit vanhemmilta.
2. Kiitos, ole hyvä ja anteeksi. Pieniä, mutta merkityksellisiä sanoja.
3. Auttaminen. Kysy, tarvitseeko toinen apua. Lapset auttavat mielellään.
4. Tervehtiminen. Reippaus, hymy, kätteleminen, oman nimen kertominen.
5. Pöytätavat. Ruokaillessa keskustellaan ja nautitaan ruuasta. Käytetään ruokailuvälineitä oikein ja muistetaan sanat: saisinko ja antaisitko.
6. Omastaan jakaminen. Harjoittelemalla oppii jakamaan leluja toisten kanssa.

På svenska:

1. Att respektera och att lyssna är utgångspunkten för ett gott beteende. Barnet lär sig beteendemönstren av föräldrar.

2. Tack, varsågod och förlåt. Små men meningsfulla ord.
3. Att hjälpa. Fråga om den andra personen behöver hjälp. Barn är glada över att hjälpa.
4. Hälsning. Raskhet, ett leende, skaka hand, presentera sig.
5. Bordsskick. Medan vi äter samtalar vi och njuter av maten. Låt oss använda bestick på rätt sätt och komma ihåg orden: kan jag få och kan du ge.
6. Dela med sig av sitt eget. Genom att öva lär barnet att dela leksaker med andra.

In English:

1. Respect and listening are the starting point of good behavior. The child learns the behavior patterns from the parents.
2. Thank you, please and excuse me. Small but meaningful words.
3. Helping. Ask if the other person needs help. Children are happy to help.
4. Greeting. Briskness, a smile, shaking hands, saying his own name.
5. Table manners. While eating, people talk and enjoy the food. Let's use cutlery correctly and remember the words: would you get and would you give.
6. Sharing. By practicing, a child learns to share toys with others.

Appendix 2. How to help the Baltic Sea (Direct quote from City of Helsinki magazine)

- Take unnecessary medicines to the pharmacy so that they do not end up in the soil, waterways, sea and organisms.

- Learn about harmful chemicals with warning signs and dispose of packaging safely.

- Prefer environmentally friendly products.

- Report blue-green algae (vesi.fi/sinilevatilanne) and invasive alien species (vieraslajit.fi).

- Do not litter. Collect debris that gets in your way. Borrow trash tongs from the library and start collecting trash.

- Eat wild fish, avoid meat: meat products become nutrient loads, eating wild fish from the Baltic Sea removes nutrients from the sea.

- Do not release detergents and water directly into water bodies.

- Holiday nearby. Replace your car holiday with a bike ride, as driving produces microplastics and air pollution, among other things.

- Inspire your loved ones and your organization to protect the Baltic Sea.

Source: BalticSeachallenge.fi website

Appendix 3. Language proficiency level descriptions (University of Helsinki, Open University)

The six-step scale is based on the European Framework of Reference (EVK) and is comparable to the proficiency levels of the National Certificate of Language Proficiency (YKI). See also Finnish Board of Education https://www.oph.fi/sites/default/files/documents/kielitaidon_tasojen_kuvausasteikko.pdf

Level 1	Level 2
Equivalence: EVK A1/YKI 1	Equivalence: EVK A2/YKI 2
SPEAKING I can cope in the simplest speech situations where you have to tell about yourself and your immediate environment. However, speech is slow and intermittent, and my pronunciation is flawed. LISTENING When I speak slowly and clearly, I understand words and phrases that concern me or people and things I know or my immediate surroundings. READING I understand simple sentences eg. notifications	SPEAKING I can cope with routine information exchange tasks; I can ask simple questions and answer them. I master the basic vocabulary related to myself, family and housing, and I can tell where I work and what my profession is. My pronunciation may still be deficient, and my vocabulary is not sufficient for all situations. LISTENING I understand expressions and words familiar to

and forms. I can find information in simple texts.

WRITING I can write simple messages. I can write individual expressions and very short sentences and fill in forms with my personal data. I can use some basic grammar structures.

me, e.g. about my family, shopping, or work. I understand the main points of short and clear messages. I can usually identify the topic from a slow and clear conversation.

READING I understand the main points from short, easy texts. I can find the information I need in everyday texts such as brochures and timetables, and I can understand short and simple letters and emails if they deal with familiar topics. WRITING I can write short and simple messages related to everyday matters. I can describe my family, where I live, my educational background and my current or most recent job. I can also describe past events. I can write a simple letter. I master the basics of grammar.

Level 3

Equivalence: EVK B1/YKI 3

SPEAKING I can handle the most common practical speaking situations both at work and in my free time. I think I have at least a moderate command of vocabulary related to everyday situations.

LISTENING I can understand the main points of clear standard language speech if it deals with issues that are familiar to me. I can also understand the main points of TV programmes if they deal with things I am familiar with and if the speech is relatively slow and clear. Speech at a normal tempo may cause difficulties if the speech period is long and the subject matter is unfamiliar. READING I can read texts that use every day or work-related language and do not require deeper knowledge of the subject.

Level 4

Equivalence: EVK B2/YKI 4

SPEAKING I can handle practical speaking situations both at work and in my free time well and quite well even in unfamiliar speaking situations. I can present my thoughts as coherent entities and justify my points of view. I can distinguish between official and informal language forms. I master basic vocabulary well.

LISTENING I can understand long speeches, lectures and complex statements and their reasoning if the subject matter is relatively familiar. I understand most television news and current affairs programs, some details may be missed. Fast colloquial speech and dialectal speech still present difficulties.

READING I can easily read texts on general

I recognize the main points and statements in the text.

WRITING I can write simple texts on familiar topics and respond briefly to inquiries. I can describe experiences and impressions in personal letters. I master the key structures of basic grammar.

topics, although some nuances may remain unclear. I can search for information and find out thoughts and opinions from sources specializing in my field. I can also read contemporary fiction.

WRITING I can write clearly and in detail about familiar topics and present my thoughts as coherent wholes. I can write an essay or report, talk about things and make points for or against something. I know basic grammar well and can distinguish between official and informal language forms.

Level 5

Equivalence: EVK C1/YKI 5

SPEAKING I speak clearly and fluently on different topics in different situations. I can also give a presentation on a topic I have prepared in advance quite easily. I master language

Level 6

Equivalence: CEFR C2/YKI 6

SPEAKING I speak very fluently and in a style appropriate to the situation, I can express even subtle nuances of meaning. Mastering grammar and vocabulary are a structures and vocabulary well.

LISTENING I can follow discussions, debates and lectures relatively easily. I can understand spoken language, even if it is not structured clearly and even if ideas are not expressed directly. I understand television programs and movies without much difficulty.

READING I can read structurally and vocabularically difficult texts and contemporary fiction. In articles, reports and technical instructions, I understand the language of specialist fields, even if I am not familiar with the field.

WRITING I can write a clear and well-structured text and express myself quite broadly. I can cover even more complex topics in letters, reports and articles and highlight what I think are the most important points. I can write different texts convincingly, in my own certainty in almost all situations.

LISTENING I can easily understand speech, both face-to-face and on television or radio. I can understand the quick speech of a native speaker if I have had time to get used to the way it speaks.

READING I read all kinds of texts without difficulty.

WRITING I can write clearly, fluently and stylistically correctly. I can write letters, reports and articles so that the reader can easily find the important points. I can write summaries and reviews of texts related to my profession.

style and in a way that suits the reader. I usually have a good and versatile command of grammar and vocabulary, but the use of rare words and difficult sentence structures can cause problems.	

Appendix 4. How do I give and receive feedback?

Good feedback is honest, open and constructive. Consider whether you are competent enough to provide feedback.

How do I give feedback?

1. Try to build a suitable atmosphere for giving feedback. You can start with the following questions: How do you feel? How do you think you succeeded? Did you reach your goal? What went well? What didn't quite work out yet?

2. Feedback should be descriptive, not judgmental. Show that you value the competence of the other person.

3. Focus feedback on something that can be changed. Avoid interfering with the subject's personality.

4. Provide feedback immediately or as soon as possible.

5. The basic problem is that there is a constant lack of positive feedback. So, give your feedback positively, but remember that many also need corrective feedback.

6. Preferably give specific feedback on a specific point. In this case, be prepared for the recipient to have the right to react immediately to the feedback received, so think about the reasons for your feedback. Inaccurate and unfair criticism easily leads to explanations.

7. Every feedback giver is different. You should strive for accurate and accurate feedback.

8. If you make any complaints, it's a good idea to come back to you later.

9. What is the learner's starting level and goals? Try to inspire the recipient of feedback to become aware of their own strengths and development needs – self-assessment.

10. Cultivate these: Thank you..., You did particularly well..., Your strengths are ..., In the future, you can concentrate..., You could pay special attention to...

11. Examples of good feedback practices:

Not like this: You've done this wrong again.

Just like this: *There seems to be a mistake here.*

Not like this: Why didn't you put the book in place. After all, we have agreed on this practice.

Just like this: *The book wasn't there when I needed it. After all, we have an agreed practice on this.*

After giving feedback, no one should feel better or worse about themselves. If a person is in a bad mood or has low self-confidence, they may be guilty, no matter how skillfully the feedback giver puts it.

How do I receive feedback?

The atmosphere should be conducive to receiving feedback, as the situation is often emotionally sensitive and emotions easily surface.

1. Focus on listening carefully to the feedback provider's messages.

2. Every recipient of feedback is different. Someone can only listen, another may be dissatisfied, and a third may comment. Someone wants to be spoken to directly, and another needs gentle speech. You may wonder if you are guided by others or an independent thinker. So let the feedback giver know what kind of feedback you want.

3. If you receive reprimands, don't react immediately. Self-control is required, because it is not worth starting to explain or defend yourself based on feedback. Take your time to think about it – if you are bothered by it, come back to it and discuss it to the end.

4. Try to think for yourself and use self-assessment.

Sample sentences for reading feedback

It was interesting to listen to such an exciting story!

You proceeded calmly and read the words clearly, even though there were difficult words in the text.

You no longer "panicked" by difficult words but proceeded calmly one voice at a time. Your reading is progressing quite well, remember to read every day.

You read one sentence at a time, focusing and thinking.

Were you satisfied with what you read?

Could you have read better at some point? Your reading was faltering at first, but you improved towards the end.

I will write the hard-to-read words here. It is important that you repeat them long enough to be able to say them fluently.

Remember to have a positive attitude towards the training.

I clearly heard that reading confidence has increased.

What a nice reading day again today!

Read the following sentences and sentences aloud at home: ...

Did you understand all the words? If you didn't understand, you can always ask. I'm happy to help. Always ask if you don't understand a word or saying.

Here's a list of tangled words: ...

Your fluency in reading will develop and today I clearly heard that practicing is worthwhile.

When you have the energy to read aloud every day, at some point you'll realize that reading is fun.

You can learn a lot of new things every day.

It will be exciting to hear what happens next in the book.

How could such difficult words have been found in the text?

Delight the people at home today by reading aloud to them the following sentences: ... Today you read for four minutes, tomorrow

You can clearly hear that you read better in the morning. This is because the brain has rested during the night's sleep, and you are now better able to improve reading fluency. It was refreshing to hear how... You knew how to use your voice naturally... You even knew how to whistle...

When you already read more fluently, it will be easier for you to follow the plot of the story and understand what you are reading.

Believe it or not, you're close to the point when reading becomes enjoyable.

You read fluently, even though there were such difficult words in the text that I struggled myself.

You made me laugh at the point where...

It's a good idea to read aloud every day, as your reading will become more and more fluent.

You rhythm your reading well. After the point, you can take a short break.

You used your voice expressively.

What a difficult word to bring...

Your reading was pleasant to listen to.

I laughed as I listened to you read the dialogue. Your voice sounded upbeat, and you coped nicely with difficult words like ...

There was one word I could not understand.

Your reading performance was impaired today by the fatigue of your voice. What time did you go to bed at night?

It was a fun story again and it was nice to listen to how you livened up your reading by using tone of voice.

What a fun and timely story!

You read smoothly.

Gets better, gets better!

Rate your reading on a scale of 1-4. 1=poor, 2=moderate, 3=good, 4=excellent.

I heard such a funny word that I still laugh.

Practice pays off.

So, I liked to listen, and I would be glad if you read me a fairy tale.

You can hear in your voice that you like to read.

Have you ever thought ...

Sometimes it is good to read some lighter text in addition to the information text. Reading fiction in addition to non-fiction increases vocabulary.

Your vocabulary has grown, and your speaking skills have developed.

You coped well with a really difficult text.

Do you remember well what you read?

Reading fluency has improved.

Practice makes perfect!

There were difficult words, the pronunciation of which you yourself corrected.

You could hear in your voice that you were enthusiastic about the subject.

There were difficult and long words that you could correct yourself.

You had rated the book 3/5.

It explains why your enthusiasm for reading was low at times.

The reading task is over for today, have a nice rest of the day. Tomorrow again!

Model sentences for feedback on the content of a written story or book review

The beginning was engaging, lively, peaceful...

The characters were interesting, and you talked about them vividly. In the future, you could write even more about what the main character and supporting characters think, how they get along with each other, what character traits they have...

You came up with good venues and described them accurately. In the future, you could try to describe in even more detail. You could describe the small detail as accurately as you can.

The plot was interesting and clear. It is good to plan the arc of the drama in advance: beginning, middle, climax, end. Could you have written about the climax in even more detail?

Would have liked to take one... in the palm of your hand and examine further? How would you have described it?

You used varying vocabulary. You could familiarize yourself with synonyms for nouns, adjectives and verbs and use even more varied vocabulary in the future.

The end of the story was successful and surprising. What happens to the main character in the sequel to the story?

The author's own comments: You rated the book as good and justified your opinion.

You anticipated what would happen next in the story and it is a sign of improved reading comprehension, I am proud of your progress. Remember to always try to write longer texts.

Sample sentences for feedback on the spelling and handwriting of a written story

In your writing, the paragraph division was good. You had divided the text into three paragraphs and the division was clear. You had planned the song division in advance on paper, good! In your writing, you were usually able to write sentences and sentences into clear entities.

You remembered that sentences and sentences begin with a capital letter, and that proper nouns are capitalized, and common names are lowercased. You remembered that in a sentence sentences are separated by a comma, and that sentences and sentences end with a period. You could spell words correctly. I found in your writing e.g. Five mistakes, they can be found in the lines... Find the errors and type the text again. Remember that compound words consist of two or more words that form a certain thing. Compound words are written together. If the first part of a compound word ends and the second part begins with the same vowel, a short dash, or hyphen, is placed between the words. A hyphen is used when a compound word begins with a number or letter.

Can you find the errors in your writing yourself? There is a total of them ... Songs.

Your handwriting was clear and very clear. Remember to review the use of the dash and quotation marks. In the future, pay special attention ...

Sources:

Aalto, Mikko, Development Director, Milestone Oy. TEK – Academic Engineers and Architects 6/2005

Feedback given at the HELPPO (=EASY) summer school and familiar ideas from teaching. Karl-Magnus Spiik Ky Finnish National

Finnish Board of Education, Basic education in the arts

Willman, Arto (2001), Conflicting ways of speaking in cooperation. Sis. Sharan's (1996) thoughts on giving feedback.

Also included are the thoughts and experiences of the author of the book.

Appendix 5. Draft for the HELPPO (=EASY) summer school model with weekly themes

Abbreviations: **L = reading and listening**
                  KIRJ = literature
                  R = reflection
                  K = writing
                  KO = grammar

toukokuu   kesäkuu

	1st week of June **L, KIRJ, R, K, KO** NATURE AND NATURE CONSERVATION, INANIMATE AND LIVING NATURE, WALKING IN NATURE AND SAFETY, OWN ACTIVITIES TO PRESERVE BIODIVERSITY
	2nd week of June **L, KIRJ, R, K, KO** GEOGRAPHY, MATHEMATICS, BEHAVIOUR BETWEEN PEOPLE AND IN TRAFFIC

3rd week of May Summer school begins, see instructions. **L, KIRJ, R** FINNISH, SPECIAL FEATURES OF THE FINNISH LANGUAGE AND FINNISH CULTURE, USE OF THE LIBRARY	3rd week of June **L, KIRJ, R, K, KO** HISTORY, INFORMATION TECHNOLOGY
4th week of May **L, KIRJ, R** DRAWING, CRAFTS AND HANDYCRAFTS, EXERCISE, HEALTH AND SAFETY, ENVIRONMENTAL HAZARDS	4th week of May **L, KIRJ, R, K, KO** AI, GAMES Summer school ends. Joint excursion, etc. Certificate of participation

Appendix 6. Content of the themes

In practice, the themes of the summer school were a comprehensive list, to which some logical additions have been made to clarify the whole.

Reading and listening
- You can get acquainted with the book by looking at the cover and reading the text on the back cover.
- Reading is like weaving a string (Scarborough 2001).
- non-fiction and fiction
- reading aloud and reading in the mind
- rhythm of reading
- difficult words can be underlined from a book of its own, otherwise they must be written on paper
- news e.g. lightning strikes, emotional management, HS-Children's Science Questions
- audiobooks, from the library, can also be found on Youtube, among others. Miina and Manu,
- reviews of books read
- funny words, what words make you laugh?
- Why is reading an important skill? Describe what it's like to read in Finnish?

Writing
is the recording of speech and thought. The writing is preserved, but it is not easy to remember exactly what is heard in speech.

- do not forget the importance of handwriting
- interactivity in writing messages
- In written assignments, longer answers are always aimed at describing the main and minor characters, the setting, the cover of the book, the style of the text and the highlight of the story read, etc.
- start: I think..., I think that... or In my opinion...
- Help questions: How would you describe...? What were they like? Would you have liked to take them in the palm of your hand? What do you think? What do you think about it as a whole? Which star performers do you admire? Why? What do you find most comfortable?
- Poems. They can be written as gifts and are quick to read. You can start thinking about a word and figure out what it brings to your mind.
- writing a diary
- Describe what it is like to read in Finnish.
- After reading, write down the main points of the read on a piece of paper.

Finnish grammar, correctness
- Finnish language has Ä, Ö and Y; täytyy, pöytä, löytyi, syödä, röykkiö
- words, phrases, sentences
- there is always one thought in a sentence, think about it.
- common names and proper names. Common names are written in lowercase, holidays names of flowers and animals. Proper nouns

capitalized, continents, countries, provinces, cities, municipalities and villages
- proper noun or number and common name together separated by a hyphen
- compound words. If the beginning and end begin with the same letter, there will be hyphen or dash, jyvä-ämpäri, kuorma-auto etc.
- active and passive
- Personal pronouns: mina, sinä, hän, me, te, he
- word categories: nouns, adjectives, verbs, pronouns and particles
- The basic form of the verb can be found when asking, what to do? Answer: puhua, sanoa, tehdä, etc.
- tenses: preesens and past events: imperfekti, perfekti ja pluskvamperfekti
- The main clause is separated from the subordinate clause by a comma, when the subordinate clause begins: että, jotta, koska, kun, jos, vaikka.
- abbreviations: po.= pitää olla, jne. = ja niin edelleen, tms. = tai muu sellainen

Literature
- Z. Topelius, 1947, Lukemista lapsille. WSOY
- Anni Polva in the early 1900s, Tiina-books. Karisto
- Books of the Tammi Yellow Library
- Neropat's diary, in English and Finnish
- Eppu Nuotio: Villilän viheltäjät. Tammi
- Teemu Saarinen: Unskin banaanipotku. Otava

- My Helsinki book, a handbook for children on the history, architecture and cultural environments of Helsinki. Helsinki City Museum.
- Master Detective Peppunen. Otava
- It was recommended to read fairy tales to increase vocabulary. In fairy tales, only imagination is the limit, as the characters can be anything, such as talking objects. As a rule, the events of a fairy tale have happened a long time ago. The fairy tale begins: Once upon a time... How does the fairy tale end in English?
- Miina and Manu books, also as audiobooks. Satukustannus.
- The first detective story was written by Edgar Allan Poe, 1841, The Murders of Rue Morgue.
- Donald Duck's texts are checked by experts.
- Library book lists and reading diplomas, kirjasampo.fi

Languages
- Languages are divided into language groups. Finland belongs to the group of Baltic Finnic languages. Large groups include the Romance and Germanic language groups.
- "The Finnish language has been different in the 1800s, so the language is evolving.
- If you use words of foreign origin, you need to be careful about their meaning, e.g. protest or prosthesis.
- Urban legends

- Beliefs
- Mobile applications, e.g. Duolingo, Kahoot.

Concepts and phrases
- Luck in an accident.
- European and Finnish capitals and flags
- Practice makes master.
- Finland is the land of a thousand lakes.
- Promises must be kept.
- It's worth all the effort.
- What does earthworm mean? What is perpetual motion machine?
- Explains moors and ponds.
- Approach reading by thinking: Reading is fun!
- sports vocabulary: coach, hero, professional athlete
- Travel broadens your horizons.
- When you try your best, it's enough, or is it enough?
- Let mercy prevail over justice.
- A dilemma refers to a problem to which there are at least two answers.

Finland
- more than 10,000 years ago covered with ice. It was an ice age. As the climate began to warm, the ice gradually melted and shaped the land floor. Waterways, boulders and "hiidenkirnut" were created.
- geography, surrounding seas and states
- types of vegetation

- Northern Finland is Lapland
- In the 1900s, Finland was hit by the Civil War (1918) and wars (Winter War 1939–1940, Continuation War 1941–1944 and Lapland War 1944–1945). Men were at the front defending their homes and homeland, women acted as "Lotta" at the front or so-called on the home front, baking, sewing, farming, participating in the activities of the Lotta Svärd association. Society has been getting better all the time. Finland industrialized and agriculture became mechanized. The standard of living increased. The standard of living increased. People had to move from the countryside to cities and even abroad to America for work, and later to Sweden towards the end of the century.
- National epic Kalevala 1849 and paintings by Akseli Gallen-Kallela (1865-1931)
- national symbols: Finnish flag, national animal, song, flower, fish, stone, musical instrument, bird and epic crossword puzzle
- Midsummer is a midsummer festival. Wikipedia: "During May-July, the sun shines over Lapland, which does not set at all for more than two months. This unique natural phenomenon, the midnight sun, means that the sun stays above the horizon throughout the day."
- On which days is the Finnish flag hoisted?
- Summer solstice, the day is at its longest
- Map of Finland

- Finland are divided into provinces. Lyrics and listening to the Uusimaa provincial song.
- For Finns, different nature experiences are important: observing living and inanimate nature, monitoring the weather, gathering healthy food, exercising and getting enough sleep as part of overall well-being
- Finnish food culture, baking rolls, making ice cream yourself, making chanterelles and storing berries
- Finns are called sports people, here they like rally driving, individual and team sports and golf. Golf players focus on their strengths and interests and don't compare themselves to others. They must also have the ability to forget about poor performance and focus on new. When playing, one must strictly follow the rules and behave politely.
- superstitions, e.g. Finding a four-leaf clover brings good luck, black cat, ladder, etc.
- logger's accounts,
- ordinary everyday food
- visits to museums, statues
- Previously, nature was taken for granted, now we are aware of the impoverishment of natural species
- Helsinki is the capital. It is located on the shores of the Baltic Sea. There are two bays in the Baltic Sea, the Gulf of Finland in the south and the Gulf of Bothnia in the west. The salinity of the Baltic Sea is low and not very deep.

- Instructions given by the City of Helsinki to residents of the seashore, see Appendix 2.
- One can travel from Finland to other countries by boat, plane, train or car. Travelling broadens one's perception of the rest of the world, i.e. one can learn about other countries and different places, one can overcome prejudices and perhaps teach the local population something about one's own culture.
- transport, health, environmental hazards and safety - We didn't have time to process everything.

Reflection
- be honest in your own assessment
- Reading: scale 1-4, 4 excellent, 3 good, 2 moderate, 1 poor
- Book evaluation: scale from 1 to 5. Write the name of the author, the title of the book, rate the book, justify your opinion.
- At the end of the summer school, extensive reflection: On a scale of 1 to 5, competence, activity, adherence to advice, regularity of doing exercises and discussions in the family are assessed. Let's start with: I think the summer school was...

Behavior
- Cooperation is pleasant when both sides are encouraged and thanked for the support received. Write wishes, e.g. Happy Midsummer.

Sending emojis. It is learned that different signs can be interpreted differently in different cultures.

- Promises must be kept! If you can't hold, it's worth explaining why.

- Small talk topics: What kind of weather is promised? What's the most fun thing about summer? What are you going to do today? How many hours did you sleep? What dream did you have? What time did you go to bed at night? What time did you wake up?

- Learning is work, work and work!

- flow state while working

- socializing with strangers

- school graduation ceremonies, discussing certificate numbers

- let's not let the other person wait in vain

- planning your own time

- keeping promises

- taking care of one's own belongings,

- what to do if something is lost

- learning how to feel good when the agreed tasks have been completed

- telling the truth to your parents, one must be honest with himself

- Finnish should be learned to speak, read and write well. The skill allows access to further studies. There are requirements for the average value of certificate grades.

- It is not worth listening to those who say that it is not worth studying Finnish.

- taking care of things by phone and on the ground.
- Tolerating unpleasant emotions
- Let's discuss e.g. from the thoughts of Prof. Haidt. How much are you on your cell phone? Do you play, watch videos or what?
- We will get acquainted with the City of Helsinki's model for using phones in lessons from August 2024 onwards.
- emergency number 112
- See. Annex 1

History
- Prehistoric cave paintings
- Prehistory and history
- Well-known Dutch artists such as Rubens, Rembradt and Vermeer.
- It is said that in the United States, Denmark and Sweden it is customary to take an apple to the teacher on the first day of school. This ensures the success of the school year and previously supported teachers' meager living. The apple is considered a symbol of knowledge and power, i.e. through knowledge one would gain power and responsibility. The apple is related to the biblical story of Adam and Eve.
- Walt Disney (1901-1966) created Donald Duck. He came up with the idea of adding sounds to a cartoon movie. In 1928, he read the voices for the film Steamboat Willie.

- Carl Barks created the characters of Clown the Fearless and Little Helper in Donald Duck.
- excursions to museums

Geography
- Old maps: Jurassic c. 200-145 mvs, Cretaceous period c. 145-65 mvs, tertiary period 65-2 mvs
- European countries, capitals and flags
- Benelux, i.e. Belgium, Luxembourg and Netherlands
- Getting to Europe by different means of transport. Boat trips.

Nature (environmental and natural knowledge)
- living and inanimate nature, non-fiction books, plant books
- A human being, heart beats, let's talk about pulse. It can be measured.
- the most common trees and plants, photography (spruce, pine, juniper, maple, oak, doomsday tree, rowan, siren bush, flowers: dandelion, anemone, blue anemone, strawberry, blueberry, lingonberry, pet, midsummer rose, mushroom yellowish chanterelle and funnel wafer. The chanterelle lives in symbiosis with birches, so it is worth looking for them near birch trees.
- listening to the sounds of nature, birds singing
- following nature, impoverishment of species, reduction of bird singing

- Carl von Linne, Swedish naturalist compiled the plant classification in the 17th century
- photosynthesis
- parts of plants,
- plant book to take out for identification, collection and description of plants
- nutrients from nature: blueberries, strawberries, mushrooms.
- natural wonders: glossy worms,
- climate change, practical measures to prevent it, e.g. public transport use, sorting garbage, etc.

Nature as substances (chemistry)
- What substances does a person consist of? Most is water, i.e. H_2O, about 20% carbon.
- the element of living nature is carbon, i.e. C
- water scarcity in European countries; Better preservation of nature for future generations, let's talk about sustainable development. How can an idea be implemented in one's own life?
- polyurethane as insulation

Nature (physique)
- Gregorian calendar, the summer solstice in June. What does it mean? Answer: The day is at its longest.
- Thunderstorm means lightning and rumbling. Electricity accumulates in the cloud layers, which is discharged as lightning to the ground. The electric discharge of lightning travels quickly in the water and then one should not be swimming. It is also not allowed to go under a large tree in a rain shelter, as lightning can strike

the tree, and electric current can travel from the tree to the person.
- solar cycle and seasons

Handicraft and crafts
- bookmark
- sewing, e.g. a bag for library loan books, repairing broken clothes
- braiding pearl jewelry on the wrist, neck or brooch
- A medallion is a round or oval case pendant in which a small photograph or other keepsake is held
- a self-made card always delights
- perpetual motion machine
- With the landowner's permission, one can dig clay out of the ground and shape it into objects.
- Inventions
- tips from Pinterest, instructables.com
- cut out of colored paper (e.g. from recycling centers) apples and always write on the apple information about the book read. Books about diversity can be cut from paper of different colors. Let's craft the trunk of the apple tree and attach the reading apples to it. (train, centipede, garage, flower field, etc.)

Drawing
- The student designs an account for the group.
- Evaluate the cover and illustrations of the book.

- Design students' own profile pictures and add them to the group.
- draw a flower arrangement on a card, take a picture and send it to the group
- Drawing an event or taking a photo. Telling about a drawing or picture to an adult.
- Let's imagine ourselves as a fly on the ceiling and draw a floor plan of our home.
- Draw magnifications from 1x1cm to -> 5x5cm.
- Introducing Donald Duck cartoonists Carl Barks and Don Rosa.
- The importance of signing drawings
- Visualization refers to drawing while thinking and listening. In the 1960s, Aunt Kylli held fairytale moments on TV where she told a fairy tale while drawing. By doing this, the rhythm of speech remains suitably slow and children usually like it.

Mathematics
- How many page numbers does a book have? How many pages are still to be read? What does the unit dm of the plant book mean?
- measuring: mm, cm, dm, m. dam, hm, km - estimating
- How much of the book is still to be read? Half, i.e. 1/2, third 1/3 or quarter 1/4.
- A human being is mostly water, i.e. H_2O, carbon is about 1/5. How much is it as a percentage%.

- Reading tables and graphs are an important skill.
- Why do you need numeracy? How is the average value of the certificate calculated?

Everyday actions
- talking and thinking
- Tell the family how you would describe the main character or other characters in the book.
- Ask questions of family members.
- Read the sentence to a family member and follow the reaction.
- Question words: Who? Whose? How? What? Why? When? What time? Where? What kind?

Play
- take turns coming up with words beginning with a specific letter. The official name for the play is "The ship is loaded with the letters A".
- Take a book in Finnish. Open it and select a word in the text. Say it out loud. Each takes turns explaining what the word means.
- One comes up with questions on paper and the other with answers. Let's stack the notes and take turns raising questions and answers.
- The other writes the story on a piece of paper and take out all verbs from it. The second invents verbs, and they are placed in the text.

Using the library
- your own library card

- can visit every day
- friendly staff to advise
- classification of books
- donation shelf and other services
- One should always borrow 3-5 books so that one always has something to read at home.
- What if the book disappears?

Exercise
- excursions to nearby areas, e.g. library, beach, forest
- cycling
- swimming, swimming styles: dog, breaststroke, backstroke or butterfly, cradle. Swimming school. Swimming jumps, diving and safety.
- orienteering, reading a map

Health and safety
- behavior in traffic,
- not to swim in thunderstorms
- observation of nature, e.g. wasps can make nests in the ground,
- viewing childhood pictures and the miracle of growing up
- One need to take good care of your mobile phone.
- Hand signals and emojis, different cultures.
- clothing suitable for nature trips, no headphones and the 112Suomi app for mobile phones.
- blood donation

Technique
- Nature and plant photography, plant identification program
- There used to be public telephones, now mobile phones
- photography, cameras
- windmills for electricity generation
- media skills, e.g. changing one's mobile phone profile picture, erasing memory card
- the creation of a crossword puzzle at crosswordlabs.com

Artificial intelligence, AI
- It was recommended to remove voice samples from the group, because giving one's voice sample to the AI felt scary because we couldn't be sure where it would end up.
- Using of translator software.
- plant identification apps, bird voice recognition apps
- AI-enabled poems per second

Appendix 7. Instructions for making a book

1. Think over the topic of the book, chapters and paragraph breakdowns.	2. Write, give wings to imagination.	3. Use a word processor to transcribe the text.
4. Read many times and correct.	5. Make a list of things to check and go through the text one more time.	6. When the text is ready, convert it to pdf.
7. Draw a cover.	8. Go to the self-publishing house's website. Follow the instructions, e.g. www.bod.com	9. There's nothing to replace the moment you get your hands on a self-made book.

OLD

WISDOMS

Learning requires insight. You learn to read by reading, to write by writing, to count by counting and by practicing.

Literacy develops writing skills and reading comprehension.

"A mediocre teacher will tell. A good teacher explains. Super teacher illustrates. A great teacher inspires." William A. Ward

"Teacher, do your job well!" Anonymous